NINGUÉM É CAMPEÃO POR ACASO

RENAN DAL ZOTTO

NINGUÉM É CAMPEÃO POR ACASO

Os 6 princípios inegociáveis
para o alto rendimento

Benvirá

Copyright © Renan Dal Zotto, 2019

Preparação Maria Silvia Mourão Netto
Revisão Maurício Katayama
Projeto gráfico e diagramação Caio Cardoso
Capa Tiago Dela Rosa
Imagem de capa Rudi Bodanese
Imagem de miolo iStock/Getty Images Plus/garymilner
Impressão e acabamento Corprint

Dados Internacionais de Catalogação na Publicação (CIP)
Angélica Ilacqua CRB-8/7057

Dal Zotto, Renan

Ninguém é campeão por acaso: os 6 princípios inegociáveis para o alto rendimento / Renan Dal Zotto. – São Paulo: Benvirá, 2019.

176 p.

ISBN 978-85-5717-336-1

1. Dal Zotto, Renan, 1960 - Biografia 2. Treinadores de voleibol - Biografia 3. Motivação 4. Sucesso nos negócios

	CDD 927.96325
19-2156	CDU 929:796.325

Índice para catálogo sistemático:
1. Treinadores de voleibol - Biografia

1ª edição, novembro de 2019

Foram feitos todos os esforços para identificar os autores das fotos usadas neste livro, porém isso nem sempre foi possível. Caso os detentores dos direitos se manifestem, editora e autor se comprometem a dar os devidos créditos na próxima edição.

Nenhuma parte desta publicação poderá ser reproduzida por qualquer meio ou forma sem a prévia autorização da Saraiva Educação. A violação dos direitos autorais é crime estabelecido na lei nº 9.610/98 e punido pelo artigo 184 do Código Penal.

Todos os direitos reservados à Benvirá, um selo da Saraiva Educação, parte do grupo Somos Educação.
Av. Doutora Ruth Cardoso, 7221, 1º Andar, Setor B
Pinheiros – São Paulo – SP – CEP: 05425-902

SAC: sac.sets@somoseducacao.com.br

CÓDIGO DA OBRA 645281   CL 670845   CAE 706381

Para Annalisa, Gianluca e Enzo.

Sumário

Prefácio, por *Radamés Lattari*, 9

Introdução, 13

1. Paixão, 19
2. Treinamento, 37
3. Renúncia, 57
4. Ousadia, 75
5. Resiliência, 99
6. Planejamento, 123

Mensagem final, 153

Linha do tempo, 154

Agradecimentos, 159

Prefácio

Conheci o Renan em 1976, durante o Campeonato Brasileiro Juvenil em Campinas, interior de São Paulo. Eu era o assistente técnico da seleção carioca e ele já era um dos principais jogadores da seleção infantojuvenil do Rio Grande do Sul. Naquele campeonato, o comentário geral era que existia um garoto gaúcho dono de um talento incrível.

Logo depois dessa competição, teve outro torneio nacional. O Renan já jogava pela Sogipa, e eu representava o Botafogo. Em certo momento, durante o evento de sorteio das chaves do campeonato, fui chamado pelo Carlos Arthur Nuzman, o então presidente da Confederação Brasileira de Voleibol, para participar lá na frente. Eu me levantei e, quando cheguei ao palco, tinha outro senhor que também se chamava Radamés – e que, por coincidência, era o pai do Renan. Fiquei superfeliz em saber que eu tinha o mesmo nome do pai daquele craque. Aliás, meu pai também se chama Radamés.

O resto é história. Em 1977, o Brasil sediou o Campeonato Mundial Juvenil, com Renan jogando como levantador e atacante, demonstrando uma habilidade espetacular. Não tenho a menor dúvida de que o *boom* do voleibol brasileiro começou ali.

A base daquela equipe disputou a Olimpíada de Moscou, em 1980, e depois veio a se consagrar como a Geração de Prata, que abriu as portas para todo o voleibol brasileiro, para todos os treinadores, comissões técnicas e atletas. Uma geração extraordinária.

Minha amizade com o Renan se fortaleceu ainda mais em 1982, quando fomos trabalhar juntos no Atlântica Boa Vista – ele, como uma das estrelas do time, e eu, na comissão técnica. Renan teve que se adaptar à vida no Rio de Janeiro, ainda bastante jovem. Como eu era da cidade, me aproximei muito dos jogadores, ajudando nessa adaptação.

Nossa relação foi além das quadras. Dei minha contribuição, ajudando diversos jogadores do time – entre eles, o Renan – a ingressar na faculdade de Educação Física no Rio de Janeiro. Nossa amizade só cresceu. Chegamos até a virar sócios: eu, ele, Bernardinho e o Suíço (apelido de Jean Luc Rosat) montamos uma empresa, uma marca de camisa para torcedores e fãs do voleibol brasileiro chamada Sport Boys, sempre com estampas que remetiam ao universo desse esporte.

Em 1990, fui trabalhar na Itália. Renan já jogava lá e era um grande ídolo, um atleta respeitado por todos. Nada mais merecido. Na minha opinião, ele foi o jogador mais talentoso que já atuou pelo Brasil. Vou além: talvez Renan e Karch Kiraly tenham sido os dois jogadores de vôlei mais habilidosos que o mundo já teve.

Mas vou parar um pouco de falar do craque Renan para falar do amigo. Eu tenho três irmãs, e a vida me deu alguns irmãos por afinidade. Renan é um deles, um grande irmão que Deus colocou no meu caminho. Na verdade, tenho uma afinidade incrível com o casal – Renan e Anna –, esse tipo de relação que a gente cultiva com poucas pessoas ao longo da existência.

Há uma máxima que diz que por trás de um grande homem tem sempre uma grande mulher. Essa frase nunca fez tanto sentido como quando se pensa na relação entre o Renan e a Anna. Os dois se ajudaram muito. Amadureceram juntos, superaram desafios. São pais de dois meninos espetaculares. Fico muito à vontade para falar disso porque me considero praticamente da família.

É preciso também falar do Renan fora das quadras. Um líder nato. Ele é muito habilidoso, organizado, estudioso, meticuloso. E extremamente inquieto, buscando sempre novas ideias, novos desafios, testando conhecimentos para colocar em prática, seja como dirigente, seja como treinador. Tudo isso fez dele um treinador vitorioso.

Mas não pense que ele está satisfeito. Nunca está. E este livro é um pouco sobre tudo isso, sobre como um profissional que conquistou tantas coisas tem a exata consciência de que é preciso aprender sempre e evoluir todos os dias. E arriscar. Renan não tem medo de desafios, não tem medo de apostar em jogadores jovens, em novos conceitos e ideias.

Ele sabe que um treinador não pode se limitar a seus conhecimentos técnicos, e por isso investe tanto na parte emocional, na parte motivacional, que são fatores que fazem a diferença na hora de colocar um trabalho em prática.

Tenho a plena certeza de que o leitor terá muito o que aprender com a história e os valores de Renan Dal Zotto.

RADAMÉS LATTARI

CEO da Confederação Brasileira de Voleibol (CBV)

Introdução

Na minha longa carreira como jogador de vôlei, tive a oportunidade de disputar três Jogos Olímpicos (Moscou, em 1980; Los Angeles, em 1984; e Seul, em 1988), vários mundiais e de fazer parte de uma geração que mudou a história da modalidade na década de 1980, ao trazer medalhas e reconhecimento à seleção brasileira pela primeira vez na história. Mas também atuei fora das quadras – como técnico em grandes clubes, como diretor de marketing e como gestor de projetos muito bem-sucedidos em clubes brasileiros. Tudo isso, claro, é muito gratificante. Mas, para mim, tão importante quanto atingir essas conquistas foi ter tido a chance de conviver com grandes vencedores, não só no esporte como em outras áreas. Poderia citar aqui dezenas de atletas e empreendedores que conheci ao longo da vida, pessoas "fora da curva", que chegaram a um nível de excelência fantástico.

Conversando com esses atletas e gestores de alto nível, comecei a perceber que eles têm muitos pontos em comum. O mais importante é: nenhum deles construiu uma trajetória de sucesso à base de sorte ou de acaso. Todos, sem exceção, chegaram lá porque tomaram a decisão de fazer sempre mais e da melhor forma possível.

Não se engane se vir algum gênio do esporte se gabando de que nunca precisou treinar, de que seu talento sempre resolveu tudo. Não é verdade. Tenha certeza de que, em algum momento no começo da carreira, ele treinou muito, se doou demais, repetiu exaustivamente vários fundamentos, cuidou da parte física, se alimentou corretamente, ou seja, transformou-se num atleta de alto rendimento graças ao seu esforço e dedicação.

É claro que a transpiração precisa vir junto com outros fatores. E este livro é um pouco sobre tudo isso, sobre como, em qualquer atividade, precisamos nos apoiar em alguns pilares básicos para alcançar grandes resultados pessoais e profissionais. Não adianta, por exemplo, encarar a rotina de trabalho como mera obrigação, como uma etapa a ser cumprida. Suor e esforço, apenas, não bastam. É preciso ter **PAIXÃO** pelo que se faz. É isso que vai motivá-lo a sempre ir além. "Ah, eu sou bom nisso, ganho muito dinheiro, mas odeio o que eu faço." Se você pensa assim, pode ter certeza de que em algum momento essa falta de amor à profissão irá interferir diretamente no seu desempenho. Quando a pessoa tem paixão pelo que faz, quando compra a ideia, as dificuldades e as barreiras ao crescimento se rompem com muito mais facilidade.

Contudo, não há paixão que faça alguém evoluir sem **TREINAMENTO**. Ele é a base de tudo. Voltando à analogia que fiz anteriormente, todo grande craque, seja ele do futebol, do basquete, do vôlei, tem uma história de sacrifício, de treinamento por trás de todas as suas conquistas. Garanto que esses atletas excepcionais treinaram mais do que todo mundo, ralaram pra caramba. Quando alguém é bem-sucedido, 20% disso é talento e vocação e 80% é transpiração, treinamento e capacitação. Essa é a conta que eu faço.

É claro, porém, que não adianta você ter paixão pelo que faz e dar o máximo nos treinamentos se não está pronto para abrir mão de outras coisas e se dedicar de corpo e alma à profissão. E, em vários momentos de sua vida, você vai se ver obrigado a fazer esta escolha: ou se lança de cabeça no que faz, abrindo mão de muitos prazeres, ou vai fazer tudo pela metade, comprometendo o seu desempenho.

Por isso, a **RENÚNCIA** se torna um pilar fundamental. Todos os grandes atletas e profissionais souberam abrir mão de uma série de coisas – do aconchego da família, dos amigos, das baladas, das férias – para dar o máximo nos treinamentos, nas competições e em seus negócios, focando em seus objetivos. Portanto, a renúncia faz parte do processo de crescimento de todos nós em nosso trabalho.

Outra característica importante dos atletas e dos grandes vencedores que deixaram uma marca registrada na história do esporte é a **OUSADIA**, que significa sair da zona de conforto, fazer algo a mais. Pense em alguns dos maiores atletas brasileiros de todos os tempos: Pelé, Ayrton Senna, Guga, Hortência, Marta. Todos ousaram de algum modo e têm uma marca registrada. E eles só conseguiram ousar porque passaram muito tempo fazendo o que mais amavam, porque abriram mão de uma série de coisas, porque treinaram mais do que os outros. Nenhum deles teve uma ideia ou fez algo diferente enquanto estava deitado na cama, olhando para o teto. Até para criar é preciso muita transpiração e estar em movimento.

Além disso, a única certeza que temos na vida é que vamos errar, que em momentos da nossa trajetória profissional cometeremos falhas e sofreremos grandes frustrações. O mais importante de todo esse processo é saber aprender com os fracassos, ter a consciência de que errar e perder fazem parte do seu aprendizado profissional, do seu crescimento. É possível ganhar mesmo na derrota, desde que você tire daí o verdadeiro aprendizado.

Por isso, a consciência de que é importante reconhecer logo o erro para acertar o mais rápido possível, a inquietude e a incansável busca por seus propósitos são características das pessoas resilientes. Na física, **RESILIÊNCIA** é a propriedade que alguns objetos apresentam de voltar ao seu estado natural. Fazendo uma analogia com o ser humano, resiliência é a nossa capacidade de passar por obstáculos e imprevistos com confiança e otimismo, tornando-nos pessoas ainda melhores e mais fortes. Assim, você estará pronto para ousar e encarar novamente grandes desafios.

No entanto, mesmo que reúna todas as qualidades e virtudes acima, você corre o risco de comprometer seu trabalho se não tiver um plano de ação para elas. Para mim, o **PLANEJAMENTO** é a base de tudo. Uma boa analogia é: ninguém vai para a guerra sem planejamento. Se, durante uma batalha, for preciso mudar a estratégia, ela precisa ter sido pensada *antes*, nunca durante a ação, porque se surgir essa necessidade com certeza não será possível optar, de improviso e tão rapidamente, por um novo caminho que se mostre bem-sucedido. A chance de dar tudo errado é grande.

No vôlei, um esporte em que cada detalhe é muito importante e decisivo, planejar é imprescindível – até mesmo na hora do improviso, da ousadia. Quando você toma a decisão de atacar, ou se posicionar num ponto da quadra para receber o passe, ou tirar o bloqueio adversário com uma finta no levantamento, ou, como técnico, substituir um jogador num momento decisivo, você precisa ter uma leitura do jogo, um diagnóstico do que pode acontecer, das variantes envolvidas. Nada disso é possível sem planejamento. Ele é fundamental para evitar possíveis surpresas e diminuir os riscos.

Em resumo, este livro é sobre um cara que também errou, que cresceu junto com um esporte que até então não tinha nenhuma visibilidade, nenhum plano de ação ou de marketing, e que se transformou – graças ao empenho e à paixão de gestores, técnicos e jogadores – numa referência e numa escola super-respeitada mundialmente. Os seis princípios descritos aqui, um por capítulo – paixão, treinamento, renúncia, ousadia, resiliência e planejamento –, são os que, na minha experiência, considero essenciais para todo profissional que deseja ter uma performance de alto nível, não só no esporte, mas em qualquer área. E escolhi o número 6 por conta do simbolismo por trás dele: afinal, foi o número que sempre usei na camisa durante quase toda a minha carreira como jogador. Ao longo do livro, você também encontrará frases minhas em destaque e um quadro de "Aprendizados" ao fim de cada capítulo. Com isso, minha ideia é permitir que você reflita ainda mais sobre sua vida profissional.

Será muito gratificante relembrar histórias e dividir com você, leitor, minhas vitórias e fracassos. Se uma palavra ou frase dita aqui servir de inspiração para você, já vou me sentir realizado.

Boa leitura!

RENAN DAL ZOTTO

CAPÍTULO 1

Paixão

Nasci numa típica família de origem italiana, de homens e mulheres alegres e dedicados – quando decidiam fazer algo, faziam para valer. Eu até poderia falar sobre meus pais em outros capítulos deste livro, pois, para mim, eles também são exemplos de resiliência, ousadia e renúncia, mas o tema "paixão" resume muito bem o que meu pai, Radamés, e minha mãe, Lindair, significam para mim e mostra quanto eu também herdei deles esse jeito de fazer tudo de forma muito intensa. Está no DNA da família Dal Zotto.

Meu pai nasceu em São Marcos, um pequeno município gaúcho perto de Caxias de Sul. De origem humilde, trabalhou em circo, exercendo diversas funções a fim de sobreviver. Minha mãe nasceu em Santa Rosa, também no Rio Grande do Sul. Eles se conheceram e se casaram na cidade de São Leopoldo, na região metropolitana de Porto Alegre, onde se radicaram e tiveram três filhos: Magda, Renan e Giovana. (Muito tempo depois, meu pai constituiu uma nova família e teve mais uma filha, minha irmã Carolina.)

O que um jovem casal humilde poderia fazer para sustentar a família em São Leopoldo? Eles sempre se viravam; não tinha tempo ruim para eles. Literalmente. Entre os vários trabalhos de meu pai, ele se orgulhava muito de ter sido o responsável por instalar o primeiro para-raios em São Leopoldo.

Quando os filhos nasceram, meus pais já estavam completamente ambientados na cidade, e meu pai já possuía um negócio próprio, no ramo de autopeças. Vivíamos numa casa bem humilde, feita de madeira, mas sempre cheia e festiva. Tive uma infância simples, mas muito feliz, brincando na rua com os amigos, jogando bola, na mais absoluta liberdade, em plena década de 1960.

Esse mundo de liberdade não seria para sempre, porém. Meus pais, mesmo de origem modesta, tinham consciência de que era preciso oferecer uma escola de melhor qualidade para os filhos, exigir mais disciplina e estudos da gente. E isso só seria possível se a família se mudasse para Porto Alegre, onde havia uma rede de ensino público muito mais estruturada.

Eles se desdobraram para fazer essa transição. Meu pai passou a conciliar o trabalho em São Leopoldo, onde mantinha os negócios, com novas atividades em Porto Alegre. Minha mãe, que sempre foi uma mulher muito ativa, decidiu fazer um curso de cabeleireira e não perdeu a oportunidade de abrir um salão de beleza na nossa nova casa alugada no bairro de Santana, que tinha um bom espaço de frente ocioso.

Com tudo acertado, fomos matriculados num colégio público, um dos melhores da região, a três quadras de onde morávamos. E foi nesse colégio, o Inácio Montanha, que começou minha história no vôlei.

Louco por futebol

Em meados da década de 1960, o vôlei era um esporte praticamente desconhecido, sem penetração nenhuma entre o grande público. Eram poucos os clubes que investiam na modalidade, caso do Minas Tênis Clube e de alguns exemplos no Rio e em São Paulo. A imprensa dava pouca cobertura para os torneios e, quando isso acontecia, chamavam o vôlei de "vôli".

Para se ter uma ideia, até 1954, com a criação da Confederação Brasileira de Voleibol (CBV), o esporte não tinha uma entidade representativa; era ligado à Confederação Brasileira de Desportos (CBD), a antiga CBF, quase que totalmente dedicada ao futebol. Quando entrei no Colégio Inácio Montanha, em 1967, o vôlei tinha acabado de se tornar um esporte olímpico.

Não havia, portanto, como uma criança se envolver afetivamente com um esporte incipiente como o vôlei. Nossos ídolos eram todos do futebol. E eu adorava jogar bola num campo enorme atrás de casa. Era o que tinha para se fazer na época. Nenhuma criança ficava vendo televisão; só existiam três ou quatro canais. A gente ia da escola para a rua, da rua para casa, com horário para chegar, tomar banho, jantar e dormir.

Meu pai era um grande peladeiro. Ele fazia parte de um time de futebol amador, o Unidos da Colina, no qual jogavam os amigos dele, meus tios e meus primos mais velhos. Um dia, quando eu devia ter uns 12 anos, faltou um jogador, e fui chamado para completar o time. Esse foi um dos dias mais felizes da minha vida, minha primeira chance de competir num time de adultos, com grande responsabilidade, jogando pra valer. Eu já tinha essa paixão pelo esporte muito forte em mim, mas não sabia ainda. Só fui descobrir jogando vôlei.

Por tudo que já contei até aqui, não era fácil convencer um garoto peladeiro, amante do futebol, a praticar vôlei na escola. E, nas aulas de Educação Física do Inácio Montanha, normalmente a escolha era entre duas modalidades: vôlei ou basquete. A maioria escolhia basquete – afinal, nessa época, o basquete brasileiro passava por uma fase incrível, já tendo inclusive conquistado o bicampeonato mundial (em 1959 e 1963).

Adaptar o vôlei para crianças é uma tarefa difícil até hoje. O futebol e o basquete têm a corrida para ir da defesa ao ataque, para dar um chute ao gol ou para arremessar a bola na cesta. Ajustando o tamanho do campo e a altura da cesta, qual criança não gosta de correr?

CAPÍTULO 1 • PAIXÃO | 23

Mas o vôlei não tem corrida. A regra básica é: não deixar a bola cair no chão. Isso é bem difícil para uma criança. Além disso, faltavam ídolos na época, e era quase inexistente o apelo popular do esporte no fim dos anos 1960. Por isso, o vôlei era rapidamente descartado pelos alunos.

Era necessário todo um trabalho pedagógico e de convencimento para que os alunos do Inácio Montanha escolhessem o vôlei e se encantassem por ele. E esse processo teria sido muito mais difícil se ali não trabalhasse um apaixonado pela modalidade, talvez o mais apaixonado de todos: o professor João Batista dos Santos, mais conhecido como Batista.

Meu grande mestre

Batista tinha fama de durão. Ele era mesmo um disciplinador – esta era uma característica muito forte dele. Só que ele ia muito além do fator disciplina: era um grande estudioso do vôlei, um educador apaixonado, que tinha como obsessão fazer da modalidade um esporte praticado por crianças e adolescentes. Quando ele entrou no Inácio Montanha, em 1968, como professor de Educação Física, sua primeira missão foi convencer os alunos de que o vôlei podia ser um esporte tão fascinante e competitivo quanto o futebol e o basquete.

No começo foi difícil. Todas as crianças estavam ligadas de alguma forma ao futebol. Eu mesmo era um gremista doente; jogava peladas com a camisa 10 do clube e sonhava, como todo garoto, em atuar no meu time de coração. Meu pai dava a maior força. O Brasil vivia o auge no futebol, com Pelé, Rivellino, Tostão, Jairzinho e toda a seleção que seria tricampeã mundial em 1970, no México. Por coincidência, foi nessa época que o professor Batista começou a insistir para que eu treinasse vôlei com mais seriedade.

Todo líder precisa
saber detectar talentos
e ter a habilidade
de influenciá-los.

Eu tinha um porte físico considerado ideal para o vôlei – era o terceiro mais alto da classe –, e, nos primeiros treinos com Batista, ainda sem demonstrar grande interesse por esse esporte, consegui, segundo ele, apresentar uma evolução técnica interessante, mais rápida do que o normal. Ele percebeu que eu tinha facilidade em alguns fundamentos e boa impulsão.

Mas nada disso, num primeiro momento, me convenceu. Eu era uma criança de apenas 11 anos que só pensava em futebol. Lembro-me do Batista dizendo para mim: "Renan, o que muitos levam um mês para fazer, você fez em apenas dois dias". Ali ele começou todo um trabalho pedagógico, de incentivo, para me levar para o vôlei.

Por fim, fui envolvido por esse esporte e comecei a jogar para valer, treinando três vezes por semana na equipe que o Batista estava formando. Eu até já tinha uma certa vocação para o esporte, uma facilidade para aprender um ou outro fundamento, mas nada disso teria tido importância se eu não tivesse me apaixonado pelo voleibol. Em várias oportunidades, eu treinava mais do que os outros colegas, fazia sempre algo a mais. Um dos grandes ensinamentos que o professor Batista me transmitiu logo nos primeiros treinos é que só talento não é suficiente para o sucesso; ele acreditava que a conta deveria ser: 80% de transpiração e 20% de talento.

O apoio da família

No próximo capítulo, sobre treinamento, vou contar com mais detalhes sobre quanto esse aprendizado com o Batista foi fundamental para formar minhas bases e meus conceitos como jogador. Mas, como o assunto aqui é paixão, tenho que dar novamente o devido crédito a duas pessoas intensas que sempre vestiram a camisa em tudo que fizeram e que no fim foram fundamentais nessa minha transição de peladeiro para jogador de vôlei de alto nível: meu pai e minha mãe.

No começo, os dois, sobretudo meu pai, estranharam um pouco minha decisão de jogar vôlei. Na cabeça de um homem gaúcho, amante do futebol, criado no interior do Rio Grande do Sul, o vôlei era um esporte praticado por meninas. E, além disso, era inimaginável que alguém pudesse viver do vôlei, ganhar dinheiro com um esporte que mal havia saído do amadorismo.

Mas essa desconfiança durou pouco tempo. Como descrevi no começo do capítulo, tanto meu pai como minha mãe eram pessoas fortes, que haviam superado as dificuldades com muito trabalho e uma boa dose de ousadia. Meu pai, por exemplo, em uma época da vida, desempenhou até o papel de palhaço em um circo em Porto Alegre. Era um trabalhador incansável, assim como minha mãe, e nunca abriram mão de investir no conhecimento e no aprendizado dos filhos.

Quando meus pais perceberam o empenho do Batista e minha dedicação diária ao vôlei, começaram a me apoiar. Uma vez, com febre, cheguei a pular a janela de casa para poder treinar, e foi nesse momento que os dois perceberam que era um caminho sem volta.

Felizmente, a partir daí, a família toda passou a se engajar no meu processo de crescimento no voleibol. Minhas irmãs, Magda e Giovana, não poupavam esforços para acompanhar de perto os treinamentos, assistir aos jogos e até mesmo me auxiliar nas tarefas escolares. Enfim, a família Dal Zotto começava a "respirar" voleibol.

Sogipa (Sociedade de Ginástica Porto Alegre)

Ingressei na Sogipa em 1972. Era um dos clubes mais tradicionais da cidade, fundado por imigrantes alemães em 1867. Batista conciliava suas aulas de Educação Física e os treinos no Inácio Montanha com as atividades de treinador de vôlei nesse clube.

A grande missão de
um líder é despertar a
paixão de seus liderados
e extrair o melhor de
cada um todos os dias.

Foi então que passei a treinar num ritmo mais intenso, tanto lá como na escola.

Passei a estudar no período da manhã, porque às duas horas da tarde já tinha que estar no clube, treinando. Uma rotina até tranquila, se não fôssemos todos muito "pilhados". Batista percebeu minha evolução como atleta e permitiu que eu treinasse não só na minha categoria, a infantojuvenil, como também com os juvenis e até com os adultos.

Resumindo, eu treinava seis horas por dia, em três categorias diferentes. Chegava em casa às oito da noite, exausto, mas não deixava que essa rotina atrapalhasse meu rendimento na escola. Esse era o acordo que eu tinha com meus pais, com Batista e comigo mesmo. Dedicação total ao vôlei, mas foco também nos estudos.

Nas categorias de base, treinávamos nas quadras menores e externas da Sogipa. Quadra de cimento, piso duro – no inverno gaúcho era difícil jogar ali. Lembro que havia uma árvore enorme do lado da quadra e, se alguém levantasse a bola muito alto, ela enganchava nos galhos. Já quando eu ia treinar com os adultos, a história era outra: jogávamos no ginásio que pertencia ao clube. Um ginásio de madeira, piso flutuante, com muito mais estrutura.

A essa altura, meus pais já estavam completamente comprometidos com minha rotina de treinos na Sogipa, e haviam se apaixonado pelo esporte junto comigo. Meu pai me levava aos treinos e voltava para me pegar à noite; muitas vezes, dava carona também para outros jogadores. Ele chegou a trocar o carro da família por uma Kombi só para poder levar a garotada, pois muitas vezes os treinos terminavam tarde e nem todos tinham facilidade para voltar para casa. Seu envolvimento era tão forte e intenso, como tudo que ele fazia na vida, que a Sogipa decidiu contratá-lo como supervisor do time de vôlei. Anos depois, tornou-se diretor do clube. Mais tarde, minha mãe também chegou a ser supervisora do time feminino, acompanhando as meninas nos torneios.

Durante a gestão do meu pai como diretor, já na década de 1970, ocorreu um fato que me enche de orgulho. A Sogipa, por ter uma cultura alemã muito forte, não permitia que negros frequentassem a área social do clube. Quando digo isso para meus filhos, eles não acreditam, acham que estou inventando. Hoje, o racismo constitui um crime inafiançável e imprescritível, mas naquela época um absurdo desses era encarado com certa normalidade, inclusive pelo quadro de sócios. Na época em que meu pai assumiu o cargo de direção, esse veto causava grande constrangimento e humilhação a dois atletas negros que treinavam com a gente na Sogipa, o Bagé e o Betão. Quando fazia muito calor em Porto Alegre, era comum, depois dos treinamentos, a direção levar os atletas para fazer relaxamento muscular na piscina. Todo mundo entrava, menos o Bagé e o Betão.

Meu pai se revoltou com aquela situação e pediu uma reunião com a presença do conselho do clube. Foi bem direto e franco: "O voleibol é um esporte coletivo. Se o Betão e o Bagé não podem frequentar a área social do clube, os outros também não podem. Ou entra todo mundo, ou não entra ninguém". A partir desse posicionamento de meu pai, o clube fez um novo estatuto e deixou claro que ninguém poderia ser vetado nas áreas sociais por razões raciais.

Pegava muito mal para uma instituição do tamanho e da tradição da Sogipa, que já começava a ceder jogadores para as seleções de base, vetar que jogadores negros usassem a área social. Betão, aliás, viria a se tornar um jogador de alto nível, e depois iniciou uma bem-sucedida carreira como treinador, chegando à seleção brasileira.

O menino capitão da equipe

No início de 1974, com apenas 13 anos e ainda jogando no infantojuvenil, fui convocado para a seleção gaúcha, a fim de disputar o Campeonato Brasileiro Infantojuvenil, que seria realizado em

Invista nas pessoas apaixonadas pelo trabalho. São elas que farão toda a diferença em seu time.

Maceió. A Sogipa tinha um time tão forte que cedeu oito jogadores para a seleção. E o técnico também. Batista assumiu a dura missão de enfrentar de igual para igual times mais estruturados, como era o caso das seleções da Guanabara (Rio de Janeiro), de São Paulo e de Minas Gerais. Mesmo sendo o mais novo do grupo, fui escolhido como capitão do time pelo Batista.

Foi quando os dramas começaram. Nossa delegação, somando o time masculino e o feminino, era formada por 33 pessoas, mas o Conselho Nacional de Desportos (CND), responsável pela organização, cedeu passagens de avião para apenas 26 integrantes. O presidente da Federação Gaúcha ainda tentou obter ajuda do governo estadual para comprar as passagens que faltavam, mas não foi atendido, num exemplo claro de como o vôlei não recebia nenhum incentivo na época. No fim, alguns atletas foram

> Ex-atleta da Sogipa, o levantador Paulo Roese conviveu diariamente com Renan durante boa parte de sua juventude e lembra do intenso envolvimento da família Dal Zotto com o cotidiano dos jogadores:
>
> "Só quem viveu essa época na Sogipa sabe quanto os pais do Renan foram importantes para o clube e para a geração treinada pelo Batista. Se o Batista tinha fama de durão, por seu nível de exigência e por sempre cobrar o máximo dos jogadores, seu Radamés e dona Lindair eram nossos anjos. Eles tinham uma relação muito fraternal com toda a garotada da Sogipa. No meu caso, a relação era de filho mesmo. Meus pais se separaram quando eu tinha 9 anos de idade e os pais de Renan foram muito importantes nessa fase difícil da minha vida, pois eles me acolheram. Aliás, acho que todo mundo que frequentou a casa dos Dal Zotto se sentiu um pouco filho deles."

cortados, e também nosso preparador físico, Paulo Juchem, que não viajou a Maceió.

Eu também quase fiquei em Porto Alegre. Às vésperas da competição, a Confederação Brasileira de Voleibol (CBV) emitiu uma nota oficial estabelecendo o corte de todos os atletas com menos de 14 anos. A medida, de última hora, revoltou todo mundo. Como não fazia sentido eu viajar e tirar a passagem de quem precisava, já que não poderia jogar pela limitação da idade, meu pai pediu dinheiro emprestado e acabou comprando meu bilhete por conta própria. Foi assim que viajei junto com a delegação.

Na hora dos jogos, eu colocava o uniforme, fazia o aquecimento com os companheiros, mas tinha que ficar num canto do banco, só assistindo. Foi duro, sofrido. Eu era o capitão do time, um dos atletas de confiança do Batista, e evoluía a cada dia como jogador. Acho que fiz falta, como outros atletas também fariam: terminamos o campeonato brasileiro na sétima colocação.

O ano de 1975 foi um marco na história do voleibol brasileiro, porque assinala o começo da gestão de Carlos Arthur Nuzman à frente da CBV. Vamos falar bastante da importância dele no decorrer deste livro. Nuzman viveu os primórdios do vôlei. Jogou no Botafogo e no Fluminense, além de ter disputado a Olimpíada de Tóquio, em 1964 – era a estreia da modalidade nos Jogos. As dificuldades eram enormes. Não havia patrocínio nem nenhum tipo de incentivo; os jogadores não recebiam salário. E, para piorar, na última hora, o Comitê Olímpico do Brasil (COB) solicitou o corte de dois atletas. A delegação viajou para o Japão com apenas dez jogadores. No final, o sétimo lugar foi considerado uma proeza, mas o Brasil ainda estava muito longe das grandes potências.

Essa trajetória começou a mudar com a chegada do Nuzman à CBV. Ele tinha presidido a Federação de Vôlei do Rio de Janeiro e implantado boas ideias que o credenciaram a assumir a CBV. Começaram a aparecer os grandes ídolos do vôlei. Ainda em 1975,

Batista resolveu levar todos os atletas da Sogipa para assistir a um jogo entre Brasil e Japão no Gigantinho, um ginásio poliesportivo icônico de Porto Alegre, situado ao lado do estádio de futebol Beira-Rio, com capacidade para quase 10 mil espectadores.

Foi uma noite marcante para mim – e, ao mesmo tempo, angustiante. Era a primeira vez, aos 15 anos de idade, que eu tinha a oportunidade de ver de perto jogadores de alto nível técnico, grandes atletas que não deviam nada aos melhores do mundo. Minha primeira sensação foi de espanto, de ficar impressionado com o que estava vendo. Porém, logo veio outra sensação, de que eu jamais conseguiria fazer o que eles estavam fazendo em quadra.

Quem mais me impressionou naquele dia foi o jovem Bernard Rajzman, uma das estrelas da seleção. O que ele fazia era brilhante: a velocidade com que atacava, o tempo de bola, a impulsão, a técnica. Tudo com força e explosão. Ao mesmo tempo que tive um grande prazer em vê-lo em quadra, fui tomado por uma grande dúvida: "Será que um dia vou chegar ao patamar desse fenômeno?".

No entanto, no fim do jogo, resolvi encarar um grande desafio e estabelecer uma meta pessoal: ter como referência exatamente aquele alto nível técnico. Aquele seria um patamar para minha carreira. O meio-termo não me interessava. Faria de tudo para atingir aquele nível de excelência que, num primeiro momento, ainda anestesiado, achava que jamais alcançaria. O que me moveu em busca desse desafio foi justamente a paixão que adquiri pelo vôlei. Se não fosse por ela, eu teria "jogado a toalha" naquela noite mesmo.

Passei a respirar vôlei 24 horas por dia. Eu tinha prazer não apenas em jogar e em treinar, mas também em torcer: após a experiência do Gigantinho, virei um torcedor fanático da seleção brasileira. Em 1976, disputei o Campeonato Brasileiro Infantojuvenil na cidade de Campinas (SP), representando o Rio Grande do Sul. Ficamos em terceiro lugar e fui eleito o melhor jogador do campeonato. Nesse mesmo ano, fui chamado pela primeira vez para a seleção brasileira a fim de disputar o Campeonato Sul--Americano Juvenil, na Bolívia. Fiquei concentrado junto com os outros atletas, no Rio de Janeiro, e minha paixão era tanta que no alojamento ligava o radinho para ouvir os jogos do Brasil na Olimpíada de Montreal, no Canadá.

Os jogos de vôlei não passavam na televisão. E pouca gente ouvia no rádio. Eu era um deles. Ficava fascinado ouvindo as jogadas, imaginando aqueles atletas fazendo aquilo que eu já tinha visto, pessoalmente, no Gigantinho. Na minha cabeça de adolescente, o sentimento era de admiração, devoção, de fã mesmo. Mas, na prática, como jogador, eu contava os dias para chegar ao nível dos caras.

Quando voltei do Sul-Americano na Bolívia, no qual ganhamos a medalha de ouro, recebi o convite para treinar durante uns dias com a seleção brasileira adulta.

Ao chegar ao centro de treinamento, na escola militar, na Urca, também no Rio, senti de novo um arrebatamento ao ver os atletas fazendo coisas incríveis na quadra. Não falei com ninguém, só fiquei observando. Eu era um juvenil, e estava ali apenas para completar o time temporariamente. Jamais imaginaria que no ano seguinte estaria disputando ao lado deles uma Copa do Mundo de vôlei, no Japão.

É claro que nada do que descrevi aqui teria ocorrido se eu não tivesse tido o apoio de algumas pessoas. O que teria sido de mim sem o Batista? Sem a dedicação quase que integral da minha família, que deixou tanta coisa de lado para apostar em mim? Mas o esforço dessas pessoas não teria sido suficiente se eu mesmo não estivesse completamente comprometido com o vôlei. Foi essa paixão, esse prazer em jogar, que me deu o primeiro empurrão. Eu ainda precisaria de outros – e, nesse caso, empurrões internos que só eu poderia dar.

APRENDIZADOS

Todos nós temos motivações externas e internas que nos impulsionam em direção a nossos objetivos. As motivações externas são percebidas através das referências de mercado, dos elogios, das frustrações, das promoções, das derrotas etc.

Já a motivação interna é justamente a nossa paixão, guiada por nossos valores. É o combustível que nos alimenta no dia a dia em busca de nossos sonhos. No mundo atual, tão conectado, é normal que as pessoas mudem de emprego e de carreira em busca de suas paixões. Encontrar sua paixão, seu propósito, facilita seu caminho rumo a um desempenho excepcional.

Pergunte-se sempre: este caminho tem coração? Quando você age com o coração, as pessoas em geral são inspiradas por suas ideias e se comprometem com seu negócio.

CAPÍTULO 2

Treinamento

Tive o prazer de ser comentarista da TV Globo durante as partidas das seleções brasileiras de vôlei (praia e quadra) nos Jogos Olímpicos de Sidney, em 2000. É sempre ótimo participar de grandes eventos e ter contato com os profissionais envolvidos no nosso negócio – no meu caso, o esporte. A troca de informações é muita rica para nosso crescimento. Durante a competição, nós formamos um time – um time dos bastidores, na verdade, do câmera ao narrador. E vários momentos descontraídos dessa época ficaram guardados em minha memória com muito carinho.

Um deles foi um almoço com a equipe em que começamos a conversar sobre algumas passagens da minha carreira como jogador. Alguém, brincando, disse algo como: "Renan, você ganhou campeonatos, prêmios de melhor jogador, mas, pô, você enchia o saco com essa história de continuar na quadra depois do treino. Conta aí o que você ficava fazendo".

Realmente, na nossa equipe, vários ficavam na quadra após o treino, fazendo outros exercícios. Era o nosso modo de nos capacitar. Eu, particularmente, tinha o sonho de me tornar um grande atacante, mas sabia das minhas limitações por conta da minha estatura: para os parâmetros da época, minha altura (1,90 metro) era considerada baixa em relação aos principais atacantes do mundo. Então, eu sempre treinava o máximo que podia, para minimizar essa limitação e ser mais competitivo.

Hoje, estar na média
não é mais o suficiente.
Faça sempre um pouco
a mais todos os dias.

Ainda nesse clima descontraído do almoço, começamos a pensar que, nesse tempo extra em que eu ficava na quadra me desafiando, eu poderia atacar em torno de dez bolas a mais por dia. Então fizemos uma conta de cabeça: considerando os dias treinados, essas dez bolas, ao longo de um período de, por exemplo, cinco anos, dariam um número hipotético de 8 mil bolas a mais atacadas após os treinamentos técnicos. Talvez o número real seja menor do que esse, ou maior, não importa. O que importa de fato é o simbolismo desse número.

Você pode me perguntar: "Renan, quer dizer que, se eu fizer 8 mil repetições a mais de determinada tarefa em relação às outras pessoas, isso significa que vou me tornar um grande profissional?". Minha resposta é não. Afinal, como disse na apresentação deste livro, para chegar ao alto nível é preciso somar várias aptidões, técnicas e emocionais. De todo modo, o treinamento, a capacitação, é um passo imprescindível para quem sonha atingir um resultado espetacular lá na frente. E não adianta fazer tudo intensamente só quando estiver perto de alguma competição importante. Adquirir conhecimento e competências deve ser um hábito. Pense no aluno que não estudou o ano inteiro e quer passar no vestibular dando um gás uma semana antes das provas. Dificilmente ele vai atingir sua meta.

Nas minhas palestras para equipes de vendas de diversas empresas, falo sempre isto: é preciso estar fora da curva. Normalmente, alguém levanta a mão e diz: "Eu faço dez visitas a potenciais clientes todos os dias. Como deveria proceder?". Eu digo que ele deve começar a fazer uma a mais todos os dias. Lá na frente vai fazer toda a diferença. E você nunca pode achar que está dando seu máximo. Tem de fazer sempre mais. Tem de estar sempre acima da média.

Esse é um dos pilares que aprendi logo cedo, na marra, pois tive a sorte de ter trabalhado no início da minha carreira com o mais pilhado e exigente dos treinadores: o professor João Batista dos Santos. Essa importância de fazer a mais, de sair da zona de conforto, eu aprendi com ele de forma sistematizada.

Na época do Colégio Inácio Montanha, "fazer a mais" significava comprometer toda a hora do recreio. A gente tinha aula de Educação Física duas vezes por semana, como os demais alunos, e o Batista convenceu aqueles que treinavam com ele a fazer esse esforço extra. Quando vi, estava treinando não só na hora do intervalo, como também depois das aulas. Quando todos iam embora para casa, nossa equipe ficava sempre treinando por duas a três horas a mais.

Os resultados começaram a aparecer e me motivaram a treinar ainda mais. Disputamos campeonatos escolares, ganhamos medalhas e, a partir disso, passamos a ser respeitados. Vencemos até mesmo uma final contra a equipe do Anchieta, um colégio supertradicional de Porto Alegre que tinha um ótimo time de vôlei.

O nível de exigência do Batista era tão alto que ele não se contentava apenas em fazer a gente repetir exaustivamente os fundamentos. Quando percebia que um jogador tinha de fato alcançado um bom nível técnico por conta das repetições, ele fazia o cara voltar à estaca zero, mudando sua função em quadra. E isso nos ajudou a desenvolver outros fundamentos.

Foi o que aconteceu comigo. Durante um treinamento, quando já estava conseguindo executar bem os ataques de rede, ele chegou para mim e disse: "Renan, seu toque de bola é muito bom. Amanhã vamos começar a treinar levantamento". No dia seguinte, cheguei todo animado e ele me deu uma bola de basquete, que é muito mais pesada que a de vôlei: "Comece dando quinhentos toques na parede. Cinco séries de cem". Não conseguia levantar o braço no outro dia, de tanta dor. E isso se repetiu várias vezes, envolvendo também outros fundamentos. Com o tempo, desenvolvi um bom toque de bola para atuar também como levantador, e cheguei inclusive a jogar nessa posição em vários momentos: no início da minha carreira, no Campeonato Mundial de Roma, em 1978, e em algumas competições quando atuei na Itália.

Considerado um dos treinadores mais importantes da história do vôlei brasileiro, responsável pela formação de centenas de jogadores – muitos dos quais chegaram à seleção –, João Batista dos Santos lembra o dia em que percebeu que estava diante de um jogador diferenciado, um grande talento a ser lapidado:

"Eu entrei na Sogipa em 1968. O Renan, dois anos depois. Ele, como todo garoto de 10 anos na época, adorava futebol. Vivia com a camisa do Grêmio, jogava bem, usava o número 10. Seu Radamés, o pai, também era muito ligado em futebol, tinha um time de várzea. Por tudo isso, foi um 'parto' levá-lo para o vôlei.

Mas era preciso: o Renan tinha um dom natural. Ele nasceu para jogar vôlei. Claro que ninguém chega a lugar nenhum sem treinamento, e reconheço minha importância em todo esse processo, mas o talento dele era algo assombroso, e percebi isso logo no primeiro teste na Sogipa. A forma como ele bateu na bola, com uma precisão impressionante, mesmo sem ter tido nenhuma aula desse fundamento, me impressionou. Ele também era versátil: atacava, bloqueava, passava bem. Tornou-se também um levantador talentoso. Só virou atacante por causa de sua velocidade e impulsão.

E treinava muito, muito mesmo. Atacava duzentas bolas por treino, era louco por saque. Nunca estava satisfeito com nada. Queria sempre mais. Um dia, gripado, os pais o proibiram de ir treinar. Ele pulou a janela de casa e apareceu na quadra, com quase quarenta graus de febre. Deu uma confusão danada com a família, mas no fim tudo se resolveu. E Renan virou o atleta que todos nós conhecemos."

Uma geração de obcecados

Se o destino me reservou um professor como o Batista, posso dizer também que tive a sorte de fazer parte de uma geração de jogadores que, assim como eu, sempre tiveram como marca a obsessão pelo treinamento, pelo trabalho extra, o prazer de fazer sempre mais, de ir além do limite. No Capítulo 4, "Ousadia", vou falar sobre os títulos, proezas e insucessos da chamada Geração de Prata, mas, antes, é preciso destacar aqui quanto essa galera "ralou" para chegar lá.

O embrião da Geração de Prata foi gestado na dificuldade, num terreno pantanoso, numa época em que o vôlei ainda estava começando a se estruturar. As condições eram outras. Tudo era feito um pouco de improviso, sem planejamento. E, por isso mesmo, os jogadores dessa geração tinham consciência de que o vôlei brasileiro só iria se equiparar às potências mundiais se todo mundo "sangrasse".

Reconhecendo nossas limitações estruturais, fomos à luta. Não tínhamos ainda uma "escola de vôlei", estávamos atrás técnica, física e taticamente das seleções mais fortes do mundo, a estrutura era precária, mas ninguém ficou se lamentando. Pelo contrário: decidimos que iríamos tirar essa diferença na raça.

Se os caras lá fora atacavam cem bolas por treinamento, nós começaríamos a atacar trezentas. Se eles treinavam num turno só, começaríamos a treinar em dois turnos. Além disso, aos finais de semana, passamos a jogar vôlei de praia durante as folgas. Não tinha tempo ruim para ninguém daquela geração. Bem no final da década de 1970, nos anos que antecederam os Jogos Olímpicos de 1984, a seleção de vôlei masculina treinou e se dedicou como nenhuma seleção jamais havia feito antes. Posso garantir isso. Eu estava no lugar certo, na hora certa.

Todos os treinamentos seguiam uma cartilha muito rígida. A maioria dos preparadores físicos era formada em escolas

O pior sentimento
que existe é acordar
pela manhã e dizer a
si mesmo que você
poderia ter feito melhor.

militares – os centros de treinamentos pertenciam às Forças Armadas. E isso, num primeiro momento, até poderia parecer um problema para um grupo de jovens, em função das normas rígidas inerentes ao ambiente militar. No entanto, nosso foco em treinamento era tanto – e a vontade de evoluir era uma obsessão tão grande para todo mundo – que a gente não desviava a atenção do trabalho. Era dedicação total.

Para se ter uma ideia, nessa época treinávamos muito no Rio pela seleção brasileira, embora eu ainda morasse em Porto Alegre. Passávamos algumas temporadas na capital carioca nos preparando para os torneios, tanto juvenis como adultos. Parte do núcleo que formaria a Geração de Prata ainda era composta de atletas bastante jovens, como eu, o Bernardinho, o Xandó e o Montanaro. Imagine garotos de 17, 18 anos numa cidade como o Rio de Janeiro! A tentação era enorme: uma capital praiana, intensa, com uma noite maravilhosa. Os atrativos eram muitos. Mas ninguém se animava a ir. Nem tinha condições. Nossa rotina era treino, pausa para o almoço, descanso, treino, pausa para o jantar. E... cama. Todo mundo chegava ao alojamento completamente morto.

Aí vinha o fim de semana. Teoricamente seria um dia para a gente dormir até mais tarde, recuperar o sono, a parte física, e assim ter disposição para sair à noite. Que nada! Sábado de manhã lá estávamos eu e a galera no Posto 6, em Copacabana, jogando vôlei de praia, que a gente encarava como uma atividade paralela ao treino. Não fazia parte da programação; nós mesmos havíamos incorporado essa atividade à rotina de treinamentos.

A dona da rede de vôlei de praia do Posto 6 era a Tia Leah, uma figura espetacular, responsável por organizar os jogos. No fim, o que era uma brincadeira sempre ficava meio sério. Ninguém gostava de perder. E as partidas misturavam jogadores de quadra de alto nível, da seleção, com os caras do vôlei de praia, uma galera muito boa, que conhecia todos as manhas desse tipo de jogo.

Aprendi muito ali também – e usaria grande parte desse conhecimento mais tarde, quando fui jogar vôlei de praia para valer.

Nesse período de concentração no Rio, quando estávamos pela primeira vez participando de uma seleção adulta permanente de vôlei – falarei sobre isso mais para a frente –, tudo ainda estava começando a se organizar. Ficávamos concentrados no Clube Naval Piraquê, na Lagoa Rodrigo de Freitas. A CBV havia reservado um salão enorme e colocado no local vários beliches, e toda a delegação dormia ali. A quadra era praticamente um anexo. Ou seja, era acordar e começar a bater bola. Levantávamos bem cedo e minutos depois já estávamos dando voltas na Lagoa.

Muitas vezes, correndo ali ainda de madrugada, antes de amanhecer, a gente dava de cara com amigos voltando da balada. Eles gritavam da janela do carro algo como: "Caras, vocês são loucos? Dando volta na Lagoa a essa hora?". Posso dizer tranquilamente: ninguém ali sentia que estava perdendo alguma coisa. Sim, era trabalho, e trabalho duro, mas havia também paixão, um imenso prazer envolvido, como se a gente soubesse no fundo que vinha algo grande pela frente e que todo o sacrifício valeria a pena.

A partir de 1977, quando comecei a jogar na seleção adulta, passei a viajar de Porto Alegre para o Rio com mais frequência. Como ainda era menor de idade, sem grana, sem salário, era na casa dos pais do Bernardinho que eu me hospedava quase todos os finais de semana; durante a semana, eu ficava concentrado no alojamento com meus companheiros de time. Como não tinha grana para voltar para Porto Alegre toda hora, eu ficava por lá, até que os treinos recomeçassem, na segunda-feira. Os pais dele sempre foram muito legais. Tenho um carinho muito grande por eles. O Bernardinho acabou se tornando um grande amigo a partir dessa época.

Além disso, os treinadores brasileiros exigiam muito dos atletas. Mais adiante vou falar da importância de técnicos como

Bebeto de Freitas, fundamental para a formação da escola brasileira de vôlei, de como ele ousou ao assimilar ensinamentos de outras escolas, como a asiática e a europeia, para criar uma identidade própria, hoje reconhecida como uma das potências do esporte. E parte dessa identidade do vôlei brasileiro se deu à base de muito suor.

Reconhecimento

Quando me juntei à seleção adulta, estabeleci uma meta própria: ganhar prêmios como melhor jogador durante os campeonatos. Passei a fazer todo um planejamento pessoal, algo muito individual, depois dos treinos, como se eu fosse meu próprio treinador, meu próprio Batista. Eu sabia que, ao exigir o máximo de mim mesmo com o objetivo de ganhar não só prêmios coletivos como individuais, estaria automaticamente contribuindo para melhorar o nível técnico do meu time. E tenho certeza de que outros jogadores da Geração de Prata também fizeram o mesmo.

Na Copa do Mundo do Japão de 1981, ganhei meu primeiro prêmio individual com a seleção adulta – e já como titular –, ao ser eleito como melhor defesa e melhor passe do mundo. A seleção brasileira havia terminado o torneio em terceiro lugar. A Geração de Prata começava a dar trabalho. Quatro anos depois, em 1985, durante outra edição da Copa do Mundo, também no Japão, veio o maior reconhecimento.

Foi um momento marcante da minha carreira. O Brasil ficou em quarto lugar. Os Estados Unidos, que também tinham uma geração espetacular, conquistaram o título. O prêmio de melhor jogador do torneio foi dado ao americano Karch Kiraly, tido por alguns especialistas como o maior jogador de todos os tempos. E eu fui escolhido como o melhor atacante do campeonato, o que obviamente me deixou muito feliz. Mas fiquei surpreso mesmo quando o Nuzman

Jamais pense que você está no topo, porque depois dele só existe a descida. Pense que você está em um bom patamar e que há sempre um próximo a ser alcançado.

me chamou de canto e disse: "Vão criar um prêmio exclusivo para te homenagear pelo que você fez neste mundial".

Fui escolhido o "jogador mais espetacular do mundo", um prêmio que realmente não existia e que a organização do torneio achou que seria justo conceder a um atleta que havia tido uma performance de alto nível em vários fundamentos. Na hora da premiação, Kiraly virou para mim e disse: "Renan, *you are the best*".

Foi um momento extremamente significativo para mim. Não só pelo fato de o elogio ter partido de um fenômeno como Kiraly, num momento de consagração dele e de seu time, mas por eu ter atingido a meta traçada lá atrás, quando tive a certeza de que só chegaria ao nível dos melhores do mundo treinando muito e fazendo a cada dia um pouco a mais.

Talvez eu nem tenha treinado mais que todo mundo – muitos jogadores eram tão obcecados quanto eu –, mas só o fato de ter estabelecido esse parâmetro, essa linha de corte, essa missão de sair fora da média todos os dias, acabou fazendo uma enorme diferença lá na frente.

Muitos anos depois desse prêmio, veio outro grande reconhecimento pela minha carreira: em 2015, fui agraciado com a maior honraria do vôlei mundial, ao entrar para o Hall da Fama, indicado junto com um monstro sagrado do esporte brasileiro, Bebeto de Freitas, e com a levantadora Fofão, campeã olímpica. Eu fui o segundo nome da Geração de Prata a receber o prêmio, dez anos depois de Bernard Rajzman.

Ser eleito para o Hall da Fama do Voleibol tem todo um simbolismo, e senti uma imensa felicidade por ter meu nome marcado para sempre na história do esporte. Foi emocionante receber o prêmio na cidade de Holyoke, Massachusetts, nos Estados Unidos, considerado um templo do vôlei – foi lá que o esporte foi criado, em 1895.

Mudança de filosofia

É preciso deixar claro que não existe uma escola de treinamento certa ou errada, e sim aquela que se encaixa melhor na filosofia de cada time. Nem sempre um trabalho de treinamento bem-sucedido num time dará certo em outro, ainda mais quando o técnico subverte conceitos já tão enraizados entre os jogadores. Isso ocorreu em 1987, quando a CBV contratou o técnico sul-coreano Young Wan Sohn para dirigir a seleção brasileira.

A seleção vivia um momento de renovação, com a chegada de uma geração fantástica: nomes como Maurício, Carlão e Paulão, que fizeram parte da chamada Geração de Ouro, que seria campeã olímpica em Barcelona, em 1992. Como todo momento de transição, vivíamos uma fase irregular. O Brunoro, um técnico experiente e vencedor, começara a dirigir a seleção em 1985, dando continuidade, de certa forma, à escola de treinamento de seu antecessor, Bebeto de Freitas, que deixara um legado fantástico. O Brunoro assumiu um time em formação, de uma geração para outra, e nossos resultados não foram tão bons, pelo menos não à altura do que era esperado. Afinal, no ano anterior, havíamos tido uma excelente campanha nos Jogos Olímpicos de Los Angeles, quando ficamos com a medalha de prata, perdendo a final para os Estados Unidos, um timaço – e donos da casa. Assim, havia grandes expectativas em relação ao futuro da equipe.

Na Copa do Mundo do Japão de 1985, ano particularmente bom para mim, como contei há pouco, por causa do prêmio de jogador mais espetacular do mundo (e também porque fui eleito pelo Comitê Olímpico do Brasil o Atleta do Ano), o Brasil conquistou o quarto lugar. No ano seguinte, em 1986, também conquistamos o quarto lugar no Campeonato Mundial da França. E aí começaram os questionamentos. Foram dois anos de muitas críticas e de momentos de grande instabilidade técnica.

O Brunoro acabou deixando a seleção em meio à preparação para os Jogos Olímpicos de Seul, que ocorreriam em 1988. No seu lugar, entrou o Young Wan Sohn, que, de fato, havia feito um trabalho maravilhoso à frente do Minas Tênis Clube, equipe de Belo Horizonte, conquistando o tricampeonato brasileiro (de 1984 a 1986) e dando fim à hegemonia de times como o Bradesco e a Pirelli.

Sohn aceitou o trabalho com as melhores intenções, mas ignorou um fator importante: a seleção brasileira masculina tinha sua própria escola de treinamento, uma identidade, um trabalho de médio e longo prazo, construído pelo Bebeto de Freitas e sua equipe, e isso não podia ser simplesmente deixado de lado, muito menos um ano antes de uma Olimpíada.

Os métodos de Sohn subvertiam radicalmente nossa filosofia de treinamento. O modelo proposto por ele tornou-se incompatível com esse grupo de trabalho. Aprendi nesse momento uma grande lição: um modelo de sucesso que deu certo com uma equipe não garante o sucesso com outra.

Infelizmente, começamos a ter uma queda de rendimento muito grande. Chegamos a perder um set de 15 a 0 para os Estados Unidos em um torneio amistoso em Miami (naquela época, o set se encerrava quando um time chegava aos 15 pontos, e não aos 25, como hoje em dia). Nós até tínhamos vencido o Campeonato Sul-Americano em 1987 sob o comando de Sohn, mas isso não servia como referência, porque nossa hegemonia no continente era muito forte. Essa dura derrota de 15 a 0 foi sintomática. Algo precisava ser feito.

Após o jogo, fiquei transtornado no vestiário. Joguei a camisa no chão e falei: "Não dá mais pra mim. Vou pedir dispensa, não jogo mais pela seleção". O Xandó e o Bernard concordaram e disseram: "Estamos fora também". Éramos os jogadores mais experientes, os líderes do time. A partir da nossa indignação, o grupo como um todo decidiu que seria melhor redigir uma carta, endereçada à CBV, solicitando a saída do técnico. Nesse momento, estávamos convictos de que a forma de trabalho do treinador não atendia às nossas expectativas.

Chegamos ao hotel naquele clima de revolta, todo mundo unido, disposto a assinar a carta. Alguém perguntou: "Quem vai redigir esta carta?". Eu me prontifiquei. Escrevi uma carta indo direto ao ponto, explicando que não havia nada pessoal contra o Sohn, e sim contra seu método de trabalho, que não estava dando certo, que a seleção estava em queda livre etc. A carta entrou para a história do vôlei brasileiro como o "Manifesto de Miami".

Voltamos todos para o Brasil. Nessa época, eu estava morando em São Paulo, jogando pela Pirelli. O Bernard me ligou, do Rio, e disse: "Renan, já entreguei a carta para o Nuzman, está tudo certo". Estou em casa à noite, assistindo à televisão, e ouço a seguinte manchete: "Atenção! Atenção! Devido ao Manifesto de Miami, cai toda a seleção brasileira". Foi constrangedor.

O noticiário exibiu trechos da nossa carta em tom de crítica. Até um especialista em língua portuguesa foi entrevistado, dizendo que havia problemas de pontuação e concordância no texto; disse que a gente precisava voltar para a escola. Enfim, o problema era outro, claro: estávamos fora da seleção. Nuzman havia bancado o Sohn.

O clima ficou péssimo para a gente. Fomos chamados até de mercenários, principalmente os atletas mais experientes, porque muito antes desse fato havíamos reivindicado um aumento salarial à CBV. O próprio Sohn deu entrevistas dizendo que havia sido traído por parte do grupo, que os veteranos queriam tomar conta da seleção. Não existia nada disso, e sim uma insatisfação com o método de trabalho, e os resultados evidenciavam essa queda de rendimento.

Foi um momento muito difícil para todos nós. Eu estava negociando com um time da Itália e não pensei duas vezes: "Não vou

Seja fiel a suas convicções, mas nunca se esqueça de reavaliá-las constantemente, porque elas são meramente uma certeza momentânea.

ficar mais aqui, não". Não havia mais espaço para nós. O Sohn, bancado pela CBV, resolveu cortar os veteranos e convocar uma seleção muito mais jovem. Uma geração espetacular, não havia dúvida: Carlão, Paulão, Maurício, jogadores promissores, mas que, como em qualquer fase de transição, necessitavam do apoio de atletas mais experientes.

Os resultados continuaram não sendo bons e, a apenas um mês do início dos Jogos Olímpicos de Seul, em 1988, o técnico Sohn caiu. Nuzman percebeu que daquele jeito a seleção não chegaria a lugar nenhum e convocou às pressas o Bebeto de Freitas. Na primeira entrevista, Bebeto foi categórico: "Quero Renan, Xandó etc., todos os caras de volta; é neles que eu confio". Passamos a ser chamados pela imprensa de "Os Intocáveis", uma referência ao premiado filme de Brian de Palma que fala de um grupo de elite da polícia de Chicago, liderado por Eliot Ness, que fez de tudo para prender Al Capone.

Ninguém ali era Eliot Ness e muito menos mágico. Por mais que parte do grupo, sobretudo os mais experientes, conheces-se Bebeto e estivesse afinado com seu método de treinamento, tínhamos apenas quarenta dias para treinar. Era muito pouco tempo para entrosar duas gerações: a de prata e a futura geração de ouro. Não existe milagre em competições de alto nível técnico. O treinamento em conjunto, nessas horas, é imprescindível. Mesmo assim, terminamos a Olimpíada de Seul com um honroso quarto lugar, perdendo a medalha de bronze para a Argentina.

Aproveito aqui para fazer um mea-culpa. Até hoje me arrependo de não ter questionado o fato de o Bernard não ter sido chamado para compor essa seleção. Ele foi o único do grupo de veteranos que não foi convocado pelo Bebeto após a saída de Sohn. Não sei se houve uma questão técnica ou um problema político do Bernard com o Nuzman, mas o fato é que deveríamos ter brigado pela volta dele também.

E eu devia ter feito isso não só pela minha amizade com o Bernard, mas sim por uma questão de justiça. Afinal, ele fez parte de toda a caminhada dessa Geração de Prata. Ele é um cara a quem sou ligado até hoje. Vale salientar que o Bernard é o único atleta brasileiro hoje com direito a voto no Comitê Olímpico Internacional. Um atleta fora de série. Toda vez que alguém me pede algo do tipo: "Renan, aponte um jogador completo, que tenha sido ao mesmo tempo criativo, rápido, versátil, forte", eu sempre respondo: "Bernard Rajzman".

APRENDIZADOS

Todo indivíduo pode e deve ter seus sonhos e objetivos pessoais, contanto que estejam alinhados com os objetivos da equipe e da empresa. Para alcançar o resultado esperado, sua dedicação deverá ser intensa. Quando chegamos a esse nível de comprometimento pessoal, não podemos jamais nos acomodar. Precisamos fazer sempre mais. Quando você acha que já deu seu máximo, lembre que tem sempre um pouco a mais para dar. "Sangrar" é necessário.

A busca incessante pelo conhecimento, seja através de treinamento, de cursos e da análise dos próprios erros, é a principal maneira de adquirir experiência e estar pronto para o jogo. O conhecimento é uma nova moeda no mercado. Dedique-se e seja valioso.

CAPÍTULO 3

Renúncia

Um pilar muito importante de todo esse processo de busca pela excelência é a renúncia. Todo mundo que faz algo com intensidade, com 100% de dedicação, se vê obrigado, em vários momentos de sua trajetória, a deixar outros projetos e objetivos em segundo plano, por mais importantes que sejam.

No meu caso, a dedicação integral ao vôlei me colocou diante de alguns dilemas na juventude: eu deveria focar ainda mais na minha carreira de atleta ou tentar fazer uma faculdade, a fim de me tornar um especialista em outra área e ter mais perspectivas profissionais? Minha paixão pelo esporte sempre me empurrou para a primeira opção. É claro que, ao longo da trajetória esportiva, eu me permiti algumas adaptações e contornei situações para poder me dedicar a outros projetos, mas, por força das circunstâncias, sempre acabei colocando o vôlei em primeiro lugar.

Em alguns momentos, tive que deixar a escola em segundo plano para poder acompanhar o calendário da seleção brasileira. Por exemplo, quando, com apenas 16 anos, fui convocado para jogar o Campeonato Sul-Americano Juvenil na Bolívia, em 1976, tive que faltar na escola.

Surgia aí um grande dilema, ainda mais para um garoto nascido numa família tão preocupada com a educação (tanto que meus pais sempre davam um jeito para que eu repusesse o que havia perdido). A questão é que eu estava priorizando um esporte que,

Você está disposto a abrir mão de alguns prazeres e tentações da vida para atingir seus sonhos?

na época, era uma verdadeira incógnita. Ninguém vivia do vôlei. Ninguém pagava as contas jogando vôlei, muito menos sustentava uma família. Não havia uma seleção permanente de vôlei, nenhum tipo de planejamento, muito menos salário. A CBV pagava as despesas das viagens e concedia apenas uma pequena ajuda de custo. Estávamos todos ali pelo amor ao esporte, pela oportunidade de jogar com grandes atletas, de crescer profissional e tecnicamente, mas ninguém conseguia vislumbrar uma carreira de fato. Era tudo ainda muito incipiente para fazer algum tipo de projeção profissional. E isso tudo, claro, provocou uma grande insegurança nos meus pais, mas nunca impediu que eles me apoiassem, a despeito de todas as dificuldades e incertezas.

Quando viajei para a Bolívia, a fim de participar do Sul-Americano, meus pais foram até o aeroporto e me deram várias dicas de segurança (até parecia que eu nunca mais voltaria pra casa). Lembro também da minha mãe falando para eu escolher o assento da janela; na verdade, o que ela queria era que eu ficasse dando tchau pela janela até o avião partir, no então pequeno aeroporto Salgado Filho, de Porto Alegre. Essa foi minha primeira viagem com a seleção brasileira para fora do país.

Eu me lembro até hoje do meu grau de excitação por tudo que envolvia o Sul-Americano: era uma oportunidade de representar o Brasil num torneio internacional e ainda evoluir profissionalmente. Dei tudo de mim. Apesar de algumas privações – como passar meu aniversário longe da família pela primeira vez, ficar longe da primeira namorada e perder várias festas dos meus amigos –, valeu a pena! No final, acabou dando tudo certo e fomos campeões.

Essa conquista do Sul-Americano Juvenil, porém, já era esperada, e não significou muito para o currículo do vôlei brasileiro, já que as outras seleções na disputa eram consideradas mais fracas tecnicamente em relação às potências europeias e asiáticas. As grandes forças nessa época eram a União Soviética, a Polônia, a Bulgária, os países do Leste Europeu. O Japão e a China também tinham times muito fortes.

Até o ano de 1976, o Brasil não pensava em ter uma "escola" de vôlei. A gente vivia se inspirando nas potências, copiando uma coisa ali, outra aqui. Não havia planejamento. Fazíamos as coisas na base do "achismo", do *feeling*. Não existia nem videocassete para rever os jogos dos adversários, e eram poucas as partidas que passavam na televisão. Estávamos praticamente na estaca zero, em pleno amadorismo.

O fator Nuzman

Tudo começou a mudar a partir do momento em que Carlos Arthur Nuzman assumiu a CBV, em 1975. Pela primeira vez na história do esporte, começou a se pensar numa seleção permanente, com planejamento, organização etc., mas ninguém ainda ganhava salário, nem nada. Era uma fase de vacas magras total, sem incentivo nenhum, tudo na base do idealismo. O Nuzman tinha um braço direito, o Paulo Márcio, outro grande profissional na área da gestão, e os dois juntos começaram, enfim, a fazer as coisas acontecerem.

Eles conseguiram um feito inédito: organizar o primeiro Mundial de Voleibol Masculino Juvenil da história (o equivalente ao atual Mundial Sub-21), realizado em 1977 no Rio de Janeiro. E lá fui eu pedir dispensa da escola, rumo ao sonho de jogar no Maracanãzinho, o mais emblemático ginásio do país.

Dois anos antes, ainda na Sogipa, levado pelo professor Batista, eu tinha estado em outro grande ginásio, o Gigantinho, em Porto Alegre, mas como mero espectador. Naquele dia histórico, como já relatei aqui, vi Bernard fazendo maravilhas em quadra e estabeleci um parâmetro técnico para minha carreira. Por essa razão, joguei o Mundial no Rio como se fosse a última competição da minha vida. O Brasil terminou em terceiro lugar, um grande resultado (ficamos atrás apenas de potências do esporte: União Soviética e China). Eu ganhei ainda mais experiência – e um pouco mais de faltas no meu boletim escolar, é claro!

Algumas particularidades desse Mundial ajudam a entender um pouco como o vôlei brasileiro ainda estava numa fase transitória, do amadorismo para um processo de profissionalização. Por exemplo, a seleção jogou com três atacantes e três levantadores, algo impensável nos dias de hoje – eu, inclusive, joguei nas duas posições. Se ainda estávamos engatinhando em termos táticos, por outro lado o nível de exigência nos treinos, e a cobrança sobre os atletas, passou a ser maior, já que agora éramos como uma seleção permanente, que havia treinado durante sete meses, concentrados, tendo que deixar muitas coisas em segundo plano.

Nesse Mundial, três grandes jogadores foram cortados, por opção do treinador, Jorginho Bittencourt, e da CBV. Um deles foi o Badalhoca (Badá), um atacante excepcional, agregador e experiente, até porque era seu último ano na categoria juvenil. O outro foi o levantador Bernardinho, um líder nato, que sempre foi um obstinado nos treinamentos, mas infelizmente a disputa nessa posição era grande. Por fim, o Bernard também foi cortado. Como a seleção passou a ser permanente, Nuzman vetou todo mundo de jogar pelo seu respectivo clube durante a fase de preparação. E o Bernard, por motivos contratuais, acabou jogando uma partida do Campeonato Carioca pelo Fluminense, o que resultou no seu corte da seleção juvenil. Foi triste ver um jogador espetacular como o Bernard, que morava no Rio, ficar em casa enquanto a gente jogava o Mundial. Não tenho a menor dúvida de que a presença dele nesse campeonato teria feito uma grande diferença a nosso favor. De qualquer forma, nesse episódio o Nuzman já deixava clara a importância de seguirmos algumas regras de gestão.

CAPÍTULO 3 • RENÚNCIA

Outro grande legado da gestão de Nuzman foi a implantação de um processo de transformação do marketing esportivo no Brasil. Nesse momento, começava-se a perceber a importância do patrocínio no esporte.

Jogando com as feras

O ano de 1977 foi muito intenso para mim – e, ao mesmo tempo, significou muita renúncia. Depois de participar do Mundial Juvenil no Rio, fui convocado para jogar com os adultos no Sul-Americano, no Peru. E aí vieram as viagens, as concentrações, mais faltas na escola, um "fora" da namorada e também uma ajuda financeira dos pais. Mas devo dizer que participar desse campeonato foi outra experiência fantástica. Joguei ao lado de mitos do esporte, como Moreno, Bernard, Negrelli, William, Fernandão, Granjeiro, Amauri e José Roberto Guimarães – ele mesmo, que depois se tornou um grande campeão como treinador.

Nessa época, eu estava apenas começando, e o Zé Roberto estava quase encerrando sua carreira como jogador. Quase duas gerações nos separavam. Muitos anos depois, durante uma conversa na CBV, comentei com ele que havíamos jogado juntos o Sul-Americano adulto de 1977, no Peru. O Zé levou susto! Balançou a cabeça negativamente, dizendo que eu tinha feito alguma confusão, porque ele não se lembrava de ter jogado comigo. Quando voltamos a nos encontrar um tempo depois, no centro de treinamento em Saquarema (RJ), mostrei a ele no meu celular uma foto da seleção de 1977 em quadra, no Peru: "Olha aqui, Zé: você, Negrelli, Moreno... e eu". Ele olhou a foto: "Sério, era você?". "Sim, jogamos juntos! É que eu tinha 17 anos e você, 33. Eu era um pirralho e você, um veterano". Ele riu, surpreso. Foi uma honra ter jogado ao lado de um cara como o Zé. Apesar da baixa estatura, era um grande levantador.

Ainda bebê no colo de meus pais, Lindair e Radamés, em 1960.

Aos 6 anos, brincando de ser Tarzan no quintal de minha casa em São Leopoldo (RS).

Aos 9 anos, assistindo a um jogo de futebol do time da família.
À esq., minha irmã Magda (13 anos); ao centro, minha irmã Giovana (6 anos).

Em 1972, aos 12 anos, ganhei meu primeiro campeonato de voleibol com o time do Colégio Inácio Montanha, de Porto Alegre.

Eu (ao fundo, o segundo da esq. para a dir.) com a equipe do Inácio Montanha e o técnico Batista, na conquista do título. Essa foto mostra a força do esporte na vida das pessoas. Batista continua meu grande amigo e mestre. O número 5, agachado, José Krentkowisk, é meu padrinho de casamento; Daniel Lorenz de Azevedo, o número 7, é padrinho de meu filho Enzo.

Recebendo a medalha de bronze no primeiro Mundial de Voleibol Masculino Juvenil da história, realizado no Rio de Janeiro em 1977. Da dir. para a esq.: eu, João Siqueira, Levenhagen e Montanaro.

Em 1977, também participei do Sul-Americano adulto, em Lima, no Peru. Na foto, além de mim (com a camisa 6), estão Ronaldo (7), Amauri (12), Zé Roberto (provavelmente com sua camisa 1), Mané (8) e João Granjeiro, sentado.

Equipe de vôlei adulta da Sogipa, de Porto Alegre, em 1979, sempre com a presença do técnico Batista e de meu pai, à esq., como diretor de esportes do clube.

Eu e meus colegas de time durante a abertura dos Jogos Olímpicos de Moscou, em 1980 – minha primeira Olimpíada! Da esq. para a dir. estão: João Granjeiro, eu, William, Badá, Bernard e Bernardinho.

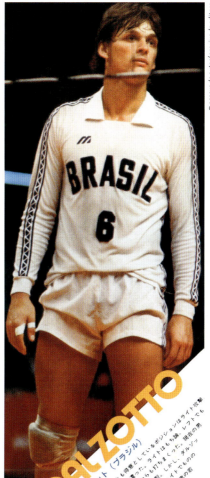

Em três edições da Copa do Mundo no Japão. As duas fotos no topo mostram matérias que saíram sobre mim em revistas japonesas, nas edições de 1977 e de 1981. A foto ao lado mostra o momento em que recebi o prêmio de jogador mais espetacular do mundo, em 1985.

Apresentação oficial da equipe Atlântica Boa Vista no Rio de Janeiro, em 1981, com a presença do ilustre Antônio Carlos de Almeida Braga, o Braguinha. Sou o primeiro à esquerda.

Com Bebeto de Freitas, na década de 1980, construindo uma história no voleibol e também uma grande amizade.

Dois momentos de um jogo que marcou a história do vôlei brasileiro: a partida entre Brasil e União Soviética em 1983, no Maracanã, com público recorde de 96 mil pessoas. Nas duas fotos, apareço atacando em momentos distintos, antes da chuva e após a chuva, já com carpete no piso.

Mais um dia de treinamento rotineiro e exaustivo da seleção brasileira antes dos Jogos Olímpicos de Los Angeles, em 1984. Na foto estão Bernardinho, eu (saltando) e o assistente técnico Brunoro.

Em tratamento fisioterápico para auxiliar na recuperação de uma cirurgia espiritual feita pelo médium Waldemar Coelho, decorrente de uma lesão sofrida quinze dias antes de minha estreia nos Jogos Olímpicos de Los Angeles.

No pódio, com toda a equipe, recebendo a medalha de prata nos Jogos Olímpicos de Los Angeles.

Um dos ataques que ajudaram o Brasil a conquistar a medalha de prata em Los Angeles.

Na década de 1980, jogávamos vôlei de praia nas quadras de areia em Copacabana, mais especificamente no Posto 6, na rede da Tia Leah. Na foto, minha mãe à esquerda, eu e Bernardinho ao centro e Tia Leah à direita.

Eu e Montanaro no pódio pela conquista da medalha de bronze no primeiro Campeonato Mundial de Vôlei de Praia, realizado em Ipanema, no Rio de Janeiro, em 1987.

Fazendo uma recepção pelo meu time Maxicono Parma, na Itália, em 1991, pelo qual conquistei diversos títulos.

Em 1993, joguei pelo Messaggero Ravenna, time italiano que foi campeão da Champions League naquele ano. Na foto, eu apareço executando o saque viagem, criado por mim.

Com o cabelo raspado, ao lado de meu filho Gianluca, durante o período de tratamento de sua leucemia.

No início dos anos 2000, recebendo das mãos de Carlos Arthur Nuzman, então presidente do Comitê Olímpico do Brasil, o certificado de diretor de cursos de administração esportiva, que me habilitava a proferir cursos na área de gestão esportiva.

Ao lado de Galvão Bueno, quando atuei como comentarista de vôlei de quadra e de praia nos Jogos Olímpicos de Sidney, em 2000.

Ao lado de meus grandes amigos Bernardinho e Bernard, durante os Jogos Olímpicos de Sidney.

Abraçado à minha irmã mais nova, Carolina, ao lado de meu pai, Radamés, e de minhas irmãs Giovana e Magda, em São Leopoldo (RS), 2005.

Orientando a equipe da Cimed, de Florianópolis, na temporada 2005/2006, quando, como técnico, conquistei o primeiro título da equipe na Superliga.

Em 2015, assumi o cargo de diretor técnico de seleções na Confederação Brasileira de Voleibol (CBV), função que desempenhei até a Olimpíada do Rio, em 2016.

Também em 2015, passei a fazer parte do Hall da Fama do Voleibol Mundial e recebi o prêmio em Massachusetts, EUA.

Com minha família, cercado de amor e muita cumplicidade. Da esq. para a dir.: o primogênito, Gianluca; minha esposa, Annalisa; e meu filho mais novo, Enzo.

Como técnico da seleção brasileira de vôlei masculino desde 2017, eu sempre vibro junto com os jogadores, a cada ponto.

O quase arquiteto

Ainda em 1977, fui convocado para jogar a Copa do Mundo no Japão, com a seleção adulta. Foi outro momento bastante difícil para mim, porque, embora estivesse totalmente dedicado ao vôlei, tentava conciliar a carreira de jogador com os estudos para ingressar na universidade. Nessa época, eu alimentava o sonho de me tornar arquiteto.

Desenvolvi a paixão por arquitetura – e pelo Grêmio Foot-Ball Porto-Alegrense, devo acrescentar – por influência de meu primo Alvanir. Ele era arquiteto e sempre me estimulava a seguir esse caminho, pois percebia meu lado criativo. Eu gostava muito de desenhar; ficava pensando em imagens, de olho fechado, e depois tentava passar tudo para o papel.

Ainda sem saber qual rumo tomar – me dedicando muito ao vôlei, mas também animado com o curso de Arquitetura –, ingressei, em 1978, na Faculdade Canoense, no curso de Arquitetura e Urbanismo, em Canoas (RS).

Eu sabia que, em algum momento, teria de renunciar a uma das duas paixões. O vôlei continuava exigindo tudo de mim – e eu correspondia. Na Copa do Mundo do Japão de 1977, eu não era titular, entrava pouco em quadra, mas mesmo assim aquela viagem me marcou muito. Afinal, eu havia cruzado o Atlântico pela primeira vez para jogar uma Copa do Mundo do outro lado do planeta, com a seleção adulta. Assim, o mundo da arquitetura começou a perder espaço nos meus sonhos...

Não conseguimos subir ao pódio, mas essa nem era nossa pretensão naquele momento, e sim fazer o vôlei brasileiro evoluir, trocar experiências, começar a organizar um padrão de treinamento para, depois, criar nossa própria identidade. Os soviéticos ficaram com o título. Os japoneses, donos da casa, terminaram em segundo, e Cuba, já começando a formar uma seleção muito forte, em terceiro lugar.

Todo case de sucesso
tem sempre uma
grande história de
sacrifícios por trás.

Nessa viagem ao Japão ocorreu um fato curioso. Toda vez que eu saía do hotel, independentemente da cidade, sempre era cercado por algumas pessoas. Tiravam foto, pediam autógrafo. E eu sem entender nada. Era só comigo. Os outros jogadores também começaram a achar tudo aquilo muito estranho. Se eu era um jogador pouco conhecido no Brasil, imagine no Japão. Aquilo não fazia o menor sentido. Até que alguém da comitiva me mostrou a capa de uma revista anunciando a chegada ao país de um cantor russo, muito querido entre os japoneses, praticamente meu sósia. Igualzinho. Mistério desfeito.

Cem dólares no bolso

Naquela época, final da década de 1970, meus pais sabiam muito claramente que o vôlei poderia ser uma aventura, mas era também uma oportunidade de conhecer o mundo fazendo o que eu gostava. Como não tinham condições financeiras de me proporcionar tantas viagens, sempre me incentivaram. Porém, não chegavam a ponto de me iludir e não deixavam que eu criasse grandes expectativas. Era tudo muito pé no chão: "Olha, Renan, o vôlei é sua paixão, mas, por enquanto, você vai ter que dar um jeito de conciliar a carreira de jogador com os estudos. Conte com a gente no que precisar, a gente segura a bronca por aqui".

Quando eu ia participar dos campeonatos internacionais, meus pais davam um jeito para que eu viajasse com no mínimo cem dólares no bolso, e eu usava tudo contadinho, para poder me virar. Em alguns países, sobretudo no Leste Europeu, não havia fartura de comida devido ao racionamento, ou seja, mesmo tendo dinheiro não havia comida para comprar.

Lembro que, numa das viagens para a Bulgária, a fome bateu forte no meio da noite, e fui com o William até o restaurante do hotel para ver se conseguíamos comprar algo para comer. Encontramos tudo fechado; não tinha ninguém. Acabamos pegando uns pães que haviam sido deixados sobre o balcão e passamos literalmente a pão e água. Nesse caso, nem mesmo os poucos dólares que eu levava puderam nos tirar desse aperto. Viajamos para países muito fechados, sempre em condições difíceis. Fomos para a China em 1978, muito diferente da China de hoje, que já tem a economia completamente aberta. Lembro que na ocasião pedi uma Coca--Cola e eles não sabiam o que era. Mas nos perguntaram se éramos amigos do Pelé. Incrível a força do esporte!

Consumido pelo vôlei

Em 1978, fui convocado para jogar o Mundial adulto em Roma como levantador. Fiquei meio surpreso, já que no ano anterior eu havia ido à Copa do Mundo adulta como atacante. Nesse momento, ficou muito evidente para mim quanto tinha valido a pena abrir mão de algumas coisas para dedicar muitas horas extras de treinamento com o Batista. E lá estava eu, como terceiro levantador – o Bebeto e o William dominavam a posição. Porém, Bebeto se machucou, William virou titular e eu, o reserva imediato.

O Moreno era o capitão da seleção. Um jogador extraordinário. Aprendi muito com ele. Ele tinha essa generosidade de ensinar os mais jovens, de orientar, de dar várias dicas. Foi um dos primeiros a insistir para que eu atacasse mais nos treinos, para que mostrasse quanto eu ficava à vontade nessa posição. Aliás, tive a sorte de jogar com gente muito boa, como o Suíço, um ponteiro de grandes qualidades técnicas, o Fernandão, o Celso Kalache... Infelizmente, esses grandes jogadores não fizeram parte da Geração de Prata, devido ao extenso processo de renovação realizado no início da década de 1980.

Foi só no Pan-Americano de San Juan, em 1979, que me tornei atacante pra valer, sem volta. A essa altura, já estava cheio de faltas na faculdade e contava com a ajuda de amigos nos trabalhos de grupo. E o vôlei me consumia cada vez mais. Mas ainda não queria abrir mão totalmente dos estudos. Um professor me disse que seria importante eu fazer algum curso complementar à arquitetura, para ganhar conhecimento, abrir o leque de opções.

Resolvi fazer um curso de seis meses de decoração de interiores, na PUC de Porto Alegre. Fui contar para meu pai, a fim de solicitar apoio financeiro, mas ele estranhou: "Curso de decoração, meu filho? Como assim?". Naquela época, achava-se que esse tipo de curso era apenas para mulheres – puro preconceito. Logo percebi que ele estava só brincando comigo. Ele financiou o curso e fiz minha parte: concluí. Agora, quando tem algum tipo de reforma lá em casa, são meus filhos que tiram sarro: "Vamos deixar tudo na mão do 'decorador'".

Moscou, 1980

No dia em que completei 20 anos, estava em Moscou, participando da abertura dos Jogos Olímpicos de 1980, minha primeira Olimpíada. Foi um momento marcante na minha vida. No show de abertura, presenciei o maior mosaico humano de todos os tempos, com a imagem do mascote da Olimpíada, o urso Misha. Para mim, foi a mais incrível abertura de Jogos Olímpicos. Parte da Geração de Prata começou a se destacar nessa Olimpíada. Alguns, como o Bernard e o William, já eram titulares; outros, como eu e o Bernardinho, estavam batalhando para conquistar espaço. E havia jogadores ainda mais jovens – como o Xandó, de 19 anos –, que estavam chegando com tudo, pedindo passagem.

O Paulo Russo era o treinador da seleção. Ele dava muita importância para os jogadores experientes, mas sabia a hora de lançar os mais jovens. E não havia essa rivalidade entre as duas gerações. A gente era "caxias" pra caramba, obedecia aos mais velhos. Os caras eram nossas referências, havia um baita respeito. Mas, num jogo contra a Polônia, com o time perdendo, o Paulo Russo resolveu colocar a molecada para jogar. Entramos com sangue nos olhos e viramos o jogo, vencendo por 3 a 2.

Foi um jogo histórico, muito importante para essa geração. A Polônia era a atual campeã olímpica e, mesmo perdendo aquele jogo, chegou em quarto lugar. Os soviéticos, donos da casa, ficaram com a medalha de ouro. Terminamos em quinto lugar, atrás apenas da Polônia e de dois outros países do Leste Europeu: a Romênia (bronze) e a Bulgária (prata). Nós éramos os intrusos da América do Sul. Logo estaríamos entre os melhores.

Eu continuava obsessivamente concentrado na meta que eu mesmo me havia imposto: treinar sempre mais para chegar ao nível dos grandes, buscando o limite lá em cima, sem nunca parar de evoluir. Treinei muito em Moscou. Nessa época, havia outro jogador tão pilhado quanto eu e que, por também ter essa marca registrada, de buscar sempre mais, acabou fazendo dupla comigo nos treinamentos, um ajudando o outro.

Esse cara fez história no vôlei brasileiro, sobretudo como treinador, e ficou famoso pelo alto nível de exigência nos treinos, exigência essa que ele (conforme pude testemunhar pessoalmente) começou impondo a si mesmo. Estou falando de Bernardo Rocha de Rezende, o Bernardinho.

Em Moscou, treinávamos tanto, mas tanto – o Bernardinho levantando e eu atacando –, que sempre éramos os últimos a ir para o banho. Uma vez, exageramos e acabamos perdendo o ônibus que levava os jogadores do centro de treinamento para a Vila Olímpica. Sem falar uma palavra em inglês – o que também não adiantaria muito em Moscou, naquela época –, tentamos explicar para os russos lá do centro de treinamento que havíamos perdido o ônibus. Começou a bater um desespero até que apareceu um caminhão do exército e alguém conseguiu nos explicar que ele estava indo para a Vila Olímpica. Conclusão: voltamos, eu e o Bernardinho, os dois doidos, na caçamba de um caminhão do exército russo.

O tempo todo temos que fazer escolhas na vida. Nesses momentos, esteja sempre aberto a mudanças.

Bernardinho foi um dos treinadores mais vitoriosos da história do vôlei mundial, além de um profissional obcecado por treinamento e disciplina. Ele fala de sua relação de amizade com Renan e das qualidades técnicas do amigo:

"Nossa amizade surgiu da obsessão pelo treinamento, pelo dia a dia do vôlei. Os outros iam para o vestiário, a gente ficava na quadra. Sempre nós dois. Eu com muita vontade e pouco talento e o Renan com muita vontade e muito talento. Eu precisava treinar mais para chegar a um certo nível. O Renan, não. Mesmo assim, ele era muito disciplinado.

Era impressionante a vontade dele de fazer sempre bem feito, com foco na evolução de cada fundamento, mesmo que ele já tivesse atingido um nível espetacular. Essa mistura de renúncia com talento natural fez dele um dos maiores jogadores da história do vôlei. Contam-se nos dedos os atletas que atingiram o seu nível técnico.

E ele colheu os frutos desse esforço. Pouca gente sabe, mas Renan foi o primeiro esportista brasileiro a receber o apelido de 'Fenômeno' pela imprensa italiana, durante sua passagem pelo Maxicono Parma. Isso muito antes do Ronaldo Nazário, que até hoje é chamado de 'Ronaldo Fenômeno'."

Colhendo os frutos

Passei parte da minha juventude renunciando a muita coisa e tendo que tomar muitas decisões difíceis. Uma hora, porém, você começa a colher os frutos. Depois daquela partida histórica contra a Polônia, quando os mais jovens entraram e viraram o jogo, as primeiras oportunidades começaram a aparecer. Pela primeira vez eu senti, na prática, que podia começar a viver do vôlei. Quem estava na plateia naquela noite em Moscou era ninguém menos do que o empresário Antônio Carlos de Almeida Braga, o Braguinha.

Ele era dono da Atlântica Seguros, uma das maiores seguradoras do Brasil, que mais tarde se fundiria à Bradesco Seguros. Milionário do ramo financeiro, Braguinha também era conhecido por sua paixão pelo esporte e por patrocinar grandes eventos – uma espécie de "mecenas". Nuzman, que estava ao seu lado na arquibancada, percebendo o entusiasmo dele durante nossa virada contra a Polônia, deu a ideia: "Por que você não monta um time com essa molecada?".

Nascia ali um dos times mais importantes da fase de profissionalização do vôlei brasileiro: o Atlântica Boa Vista, com sede no Rio de Janeiro. Foi a primeira vez que se criou um plano de marketing esportivo. Os clubes passaram a receber o nome do patrocinador. Nuzman teve um papel muito importante nesse processo, convencendo empresas a se envolverem com o vôlei ao mostrar que uma nova geração estava se formando e que a seleção começava a mostrar resultados.

Fui contratado para o Atlântica Boa Vista junto com outros jovens jogadores da seleção, como Xandó, Amauri, Marcus Vinícius, Paulo Roese, Leo e o próprio Bernardinho. O Bernard também foi, e era uma das estrelas do time. Era um timaço. Passei a ter um salário, um projeto de vida profissional, mas novamente essa escolha pelo vôlei implicou outra renúncia: tive que sair de casa definitivamente para ir morar em outra cidade, ou seja, residir no Rio de Janeiro – e ainda tive que resolver a questão dos estudos.

Primeiro, tentei a transferência para uma faculdade de Arquitetura no Rio, mas não consegui. Com isso, tive que renunciar para sempre ao sonho de ser arquiteto. Resolvi então ingressar no curso de Educação Física na Faculdade Castelo Branco (Rio), pois era mais compatível com minha carreira esportiva. Quem me convenceu a fazer esse curso foi o Radamés Lattari, auxiliar técnico do Atlântica Boa Vista, um cara sensacional, que ajudou diversos atletas que vinham de outras cidades a se adaptarem melhor ao Rio de Janeiro – e que se tornou um grande amigo. Inclusive fizemos o curso juntos. O Radamés até conseguiu se formar, mas eu, por conta das constantes viagens, concentrações e outros compromissos profissionais, tive que deixar o curso pela metade. Isso me deixou triste, pois eu gostaria muito de ter honrado o compromisso que tinha assumido com meus pais no início da carreira, ou seja, conciliar os estudos e o esporte.

No entanto, foi essa renúncia que, embora sofrida, me possibilitou focar exclusivamente na carreira pela qual eu havia me apaixonado: o voleibol. Como diz o ditado, a vida é feita de escolhas – e de tomadas de decisão.

APRENDIZADOS

Até aqui, já falamos da importância da paixão e do treinamento no nosso processo de crescimento profissional. Essa busca pelo crescimento exige intensidade e muita dedicação de nossa parte. A decisão de correr efetivamente atrás de seus sonhos sempre trará muitas dúvidas e uma boa dose de sacrifícios durante essa trajetória. Quanto você está disposto a isso?

O tempo todo estamos fazendo escolhas e deixando algo para trás. Por isso, ter foco é muito importante, para canalizarmos toda a nossa energia no que realmente importa e abrirmos mão de planos secundários. É o momento de conscientemente dizer "não" a outras oportunidades.

CAPÍTULO 4

Ousadia

Mesmo que eu reconheça o valor da transpiração, de quanto temos que nos dedicar para alcançar nossos objetivos – afinal, talento, sozinho, não faz milagres –, devo grande parte de minhas conquistas profissionais aos momentos de ousadia, quando reuni forças para sair da curva, para fazer algo diferente, mesmo sem saber se daria certo ou não. Se bem que essa inquietude e esses momentos de criatividade, da busca pelo novo, pelo incerto, também estão diretamente relacionados a treinamento. Ser apenas criativo não basta. Você tem que fazer sua ideia dar certo, e, para chegar lá, não adianta: é preciso "ralar".

Volto de novo ao começo da minha carreira. O ano era 1979, e estávamos jogando alguns amistosos na China. Durante uma partida, comecei a observar um dos jogadores chineses. Ele sacava diferente de todo mundo. Nunca tinha visto nada igual. Ele dava os dois passos laterais que eram típicos da escola asiática, mas, na hora de sacar, tirava um dos pés do chão e batia firme na bola, também lateralmente, meio que de gancho. Esse movimento fazia a bola girar bastante e ganhar grande velocidade, bem diferente dos saques tradicionais da época. Fiquei olhando aquilo e pensei: "Acho que consigo fazer ainda melhor do que isso".

Nessa época, existiam apenas duas escolas de saque: a asiática, com um movimento lateral de braços, e a americana, batendo por cima da cabeça, num estilo conhecido como "saque tênis".

Mas em nenhum desses tipos de saque se tiravam os pés do chão. Aquele jogador chinês, de cujo nome infelizmente não me lembro, era o primeiro que eu via tirando um dos pés, dando um pulinho, mas mesmo assim nada muito incisivo.

O saque mais agressivo da época era quando os jogadores iam até o fundo da quadra, perto das placas de publicidade, e sacavam com força, chapado. A bola vinha flutuando até perder a força e cair. Era o máximo em ousadia. E ninguém saía do chão.

Inspirado pelo jogador chinês, passei a experimentar um novo tipo de saque nos treinos da Sogipa. Jogava a bola para cima, saltava com um movimento semelhante ao do ataque e batia firme na bola! Como era de esperar, comecei errando pra caramba. Mas fui muito estimulado pelo Batista a continuar treinando e a me aperfeiçoar cada vez mais. Hoje esse saque – chamado "viagem" – parece óbvio, mas quem me viu treinando naquela época deve ter me achado um doido de pedra. Eu mesmo ainda não fazia a menor ideia de qual seria meu grau de eficiência e muito menos que aquele tipo de saque mudaria a história do vôlei mundial.

Comecei a treinar, treinar e treinar e, na final do Campeonato Gaúcho de 1979, ainda jogando pela Sogipa, perguntei para o técnico se podia sacar daquele jeito. Ele me deu permissão e eu saquei. Deu tudo certo. Acertei vários saques em sequência, ganhamos o jogo e fomos campeões gaúchos. Mas será que eu estava pronto para repetir esse saque jogando na seleção brasileira? Não.

Na seleção era outra história. Eu era um moleque de 20 anos no meio de vários veteranos. Não tinha tanta moral para experimentar algo que ninguém sabia se daria certo. Eu tinha o exemplo da Sogipa, bem-sucedido, mas isso não era garantia de que daria certo num torneio com um nível técnico muito mais alto.

Tanto que, durante os Jogos Olímpicos de Moscou, em 1980, nem considerei experimentar o saque. Isso só foi ocorrer, na seleção, dois anos depois. Durante esse intervalo de tempo, comecei a

O impossível só é
impossível até que
alguém o faça.

ganhar confiança, e outros jogadores da seleção, como William e Montanaro, também passaram a treinar esse tipo de saque.

Até que chegou o dia. Campeonato Mundial na Argentina, 1982. O jogo contra a Tchecoslováquia (atual República Tcheca) estava pegando fogo. Precisávamos virar o placar, então perguntei para o Bebeto (o então técnico da seleção) se eu poderia sacar daquele jeito. Talvez por estarmos perdendo, ele autorizou, e dei um saque viagem pela primeira vez em uma competição internacional. Acabei errando esse primeiro saque, mas na sequência do jogo tive oportunidade de usá-lo outras vezes, e com sucesso.

No fim, perdemos a partida, mas mesmo assim conseguimos nos classificar para a final contra a União Soviética, que tinha um grande time e acabou nos vencendo por 3 a 0. Aprendemos e amadurecemos muito durante esse Mundial. E eu passei a ousar, utilizando esse saque com muito mais frequência a partir de então.

Originalmente batizado de "Viagem ao Fundo do Mar" – nome inventado pelo Brunoro, provavelmente pensando no popular seriado de TV –, esse saque se tornou um clássico, junto com o "Jornada nas Estrelas", inventado pelo Bernard, em que ele jogava a bola lá pro alto, quase batendo no teto do ginásio. O saque jornada era uma das atrações dos jogos narrados na TV pelo locutor Luciano do Valle, figura importante para a popularização do vôlei no Brasil. O saque viagem sobreviveu ao tempo, foi aperfeiçoado, ganhou potência e velocidade, e atualmente é considerado um dos fundamentos mais importantes do vôlei, decisivo para quebrar o passe dos adversários.

Faço um paralelo aqui entre a minha história de ousadia no vôlei e outra que envolve um ídolo do futebol: o goleiro Rogério Ceni, cobrando faltas no São Paulo. Ele, assim como eu, também errou a primeira cobrança, durante o Campeonato Paulista de 1997, quando o Muricy Ramalho, seu técnico, o autorizou a bater.

E quem disse que o Rogério desanimou após errar da primeira vez? Ele continuou treinando exaustivamente as cobranças de falta e acabou entrando para a história como o maior goleiro artilheiro. Tive o prazer de almoçar um dia com o Rogério no centro de treinamento do São Paulo, quando ele ainda era goleiro do tricolor. Conversamos muito, relembramos histórias. E me senti honrado ao saber que ele havia começado sua carreira no esporte jogando vôlei e usando a camisa 6, por minha causa.

Divisor de águas

Neste capítulo sobre ousadia, não posso deixar de destacar um dos momentos mais importantes da história do vôlei brasileiro, quando um dirigente inovou e decidiu, pela primeira vez, montar uma seleção permanente e realizar um planejamento estratégico visando uma medalha nos Jogos Olímpicos de Los Angeles, em 1984 (conforme já mencionei no Capítulo 3). O primeiro passo foi dado numa reunião histórica, em meados de 1981, comandada pelo presidente da CBV – e vetor dessa mudança –, Carlos Arthur Nuzman.

Nuzman promoveu uma grande renovação na seleção, envolvendo jogadores e comissão técnica. Estabeleceu uma linha de corte, dando prioridade para jogadores mais novos. Quando se falava em nova geração, era do William e do Fernandão para baixo – na época, em 1981, tinham 27 e 26 anos, respectivamente. Com isso, infelizmente muita gente boa, de grande talento, ficou fora do grupo. A nova comissão técnica era a melhor possível: Bebeto de Freitas como treinador, Brunoro e Jorge Barros (Jorjão) como auxiliares técnicos e o Major Paulo na preparação física.

A reunião convocada por Nuzman ocorreu num auditório no local onde treinávamos no Rio de Janeiro. Alguém já tinha comentado qual seria o tema: o planejamento para buscar uma medalha olímpica em 1984. Eu me lembro que o clima antes do encontro era meio de descrença: ninguém achava possível que o Brasil subisse ao pódio e jogasse de igual para igual com as grandes potências. Até então, nosso grande objetivo nas principais

Uma das maiores missões de um líder é desenvolver o conceito de um ideal único na sua equipe.

competições internacionais tinha sido aprender e adquirir experiência. Jamais alguém havia considerado a possibilidade de o Brasil um dia subir ao pódio nessas competições.

O Brasil tinha conquistado o quinto lugar nos Jogos Olímpicos de Moscou, em 1980 – uma ótima posição, mas ainda existia um abismo entre o nosso padrão de jogo e o das grandes seleções. Um exemplo: em 1977, jogamos contra a Polônia, campeã olímpica na época. Eles colocaram meio time reserva para disputar a partida conosco. Ganhamos um set e ficamos superempolgados. Porém, no set seguinte, eles vieram com o time titular e nos venceram por 15 a 0. Foi o meu primeiro 15 a 0 na vida.

Por tudo isso, ninguém estava muito confiante com aquela história de planejamento para ganhar medalha em 1984. O clima na reunião era até de gozação. O Nuzman falou em medalha e alguém no fundo disse algo como "Tá de brincadeira?". Alguns chegaram até a rir. O Nuzman então bateu forte sobre a mesa e falou firmemente: "Se alguém aqui não acredita que é possível ganhar uma medalha em Los Angeles, pode levantar e ir embora".

Aquela frase mexeu com todos na sala. A gente começou a se cutucar, a olhar um para o outro: "Porra, tem um cara aqui, no comando, que acredita na gente". Todo mundo comprou a ideia. Todo mundo se tornou cúmplice da mesma história. O vôlei brasileiro começou a mudar nesse dia.

Comissão técnica

Essa revolução no vôlei brasileiro só se tornou possível graças ao inovador planejamento instituído pelo Nuzman, após estabelecer uma ousada meta para a seleção – a medalha olímpica –, e por reunir uma geração fantástica de treinadores e jogadores. Não bastava "comprar a ideia" e ser cúmplice: era necessário ousar, criar uma identidade para a escola brasileira de vôlei, e não apenas copiar o que faziam as grandes potências.

Essa identidade começou a ser construída por uma incrível comissão técnica, em que cada integrante vinha com suas próprias características, que, de certo modo, se complementavam em quadra: Bebeto de Freitas, Jorge Barros e José Carlos Brunoro. O Bebeto foi o cara mais estratégico na beira da quadra que eu já conheci. O mais "safo", no bom sentido da palavra, o mais intuitivo, com uma grande visão de jogo. O Jorjão, por sua vez, incansável durante os treinamentos, era responsável pelo sistema de bloqueio e o saque. Já o Brunoro era a própria organização em pessoa; um técnico com grande conhecimento tático, que executava muito bem tudo que era planejado, além de ser também o responsável pelo sistema defensivo do time. Eles deram uma nova cara para o vôlei brasileiro, e as coisas começaram a mudar dentro de quadra. Nascia aí, sob o comando de Bebeto, a escola do voleibol brasileiro, hoje respeitada mundialmente.

Por que eu afirmo isso de maneira tão categórica? Porque, antes do Bebeto, o vôlei do país vivia praticamente de adaptações feitas no curto prazo, quase sempre inspiradas nas escolas de vôlei tradicionais. Como vamos jogar amanhã? No estilo do Leste Europeu, com força e bloqueio, ou na velocidade, como fazem os asiáticos?

O Bebeto acabou com isso, mas não se fechou para nada. É claro que continuava buscando inspiração e conhecimento em outras escolas, mas fez ainda melhor: juntou conceitos para criar um modelo para o vôlei brasileiro. E só conseguiu chegar lá porque decidiu treinar mais do que todo mundo – e porque não tinha medo de ousar.

Por exemplo, assim que soube que os japoneses treinavam quase oito horas por dia, decidiu que treinaríamos por dez horas diárias. Com os soviéticos foi a mesma coisa. Vamos pegar um pouco desse conceito de voleibol baseado na força, na pancada? Sim, vamos. Mas se esses caras estão levantando 100 quilos de peso durante os treinos físicos, vamos levantar 120. Enfim, para atingir nossos sonhos, deveríamos treinar mais do que as outras equipes.

Uma das características dos vencedores é o inconformismo.

A seleção da Polônia, por exemplo, tinha um bloqueio fortíssimo. Os caras eram gigantes. Bebeto não quis saber de papo: se eles são maiores do que a gente, vamos saltar mais do que eles. E como fazemos isso? Vamos treinar! E a gente passou a subir ladeiras e morros no Rio de Janeiro para fortalecer a musculatura. Para você ter uma ideia, subimos mais de uma vez um trecho do morro do Cristo Redentor! Claro que esse esforço todo acabou gerando sequelas físicas em alguns atletas. Eu, por exemplo, já tive que me submeter a quatro cirurgias no joelho e a duas no ombro, além de ter sofrido outras lesões inerentes ao esporte. Mas posso garantir que valeu a pena.

Apesar de existir algum intercâmbio com os treinadores estrangeiros, tudo era feito meio no escuro, porque não havia como trocar informações o tempo todo. Não estou falando apenas de uma época em que não existia internet. Até a comunicação por telefone era difícil. Hoje, se um técnico em qualquer lugar do mundo lança um modelo novo de treinamento, em quinze minutos esse plano chega ao meu celular. Na época, era tudo mais difícil, mas, mesmo assim, criamos nossa própria escola, que unia a velocidade dos asiáticos com a força dos europeus.

A virada

Tudo aconteceu muito rápido, e de forma intensa. Em setembro de 1982, mais ou menos um ano após aquela reunião com o Nuzman, começamos a colher os frutos. O Rio de Janeiro havia sido escolhido como sede do Mundialito, um torneio preparatório para o Mundial na Argentina, que seria disputado no mês seguinte. Entramos em quadra como azarões, porém começamos a dar trabalho. E, para a surpresa de todos, chegamos à final.

Nosso adversário era a temida União Soviética, a então campeã olímpica e que havia perdido apenas dois sets nas seis partidas durante a campanha pelo ouro. No Mundialito, a meta dos soviéticos era vencer todos os jogos sem perder um só set. Isso mostra quanto estavam confiantes nessa época.

A final foi no Maracanãzinho, lotado. Eles começaram com tudo, arrasadores, vencendo o primeiro set por 15 a 2. Foi aí que o trabalho do Bebeto começou a aparecer, a fazer a diferença. Em outros tempos, o Brasil dificilmente reuniria forças para virar o jogo após uma surra como aquela. Mas estávamos muito concentrados, muito fortes psicologicamente.

Vencemos o segundo e o terceiro sets. Eles empataram a partida, ganhando o quarto. No quinto set, foi a nossa vez de não deixar os caras respirarem: vitória por 15 a 2. Foi histórico! Ao mesmo tempo, porém, tínhamos o discernimento de perceber que aquela vitória ainda não significava muito. O Mundialito era um torneio de menor expressão. Tanto que, no Mundial da Argentina, enfrentamos de novo os soviéticos na final e perdemos por 3 sets a 0.

A gente era tão pé no chão que nem percebeu o quanto o vôlei brasileiro, após esses torneios, tinha ganhado em popularidade. Na volta de Buenos Aires, cada um foi para sua respectiva cidade. E todos tomamos um grande susto: os aeroportos estavam lotados de torcedores. Uma multidão pedindo autógrafos. O aeroporto de Porto Alegre teve que ser fechado. No Rio e em São Paulo, os jogadores saíram de camburão por medida de segurança.

Para mim, o exemplo mais simbólico da mudança de patamar do vôlei no Brasil ocorreu numa manhã de domingo. Eu morava num apartamento no Rio que ficava no segundo andar de um prédio, bem acima de uma quadra de esporte. Acordei com barulho de bola quicando e a garotada gritando. Estavam jogando vôlei e ao mesmo tempo narrando a partida. Não acreditei no que ouvi: "William levanta a bola pro Renan! Ponto do Brasiiiiiil". Pulei da cama: "Os caras estão falando da gente!". Não acreditei. Era o nosso vôlei ganhando proporções incríveis.

O grande desafio

Continuamos progredindo. Em 1983, ganhamos a medalha de ouro no Pan-Americano de Caracas, na Venezuela, batendo Cuba, que a gente não vencia há muitos anos. No segundo Mundialito, dessa vez em São Paulo, vencemos os cubanos de novo. Estávamos em plena evolução, dentro de quadra e fora dela, com a chegada de novos patrocinadores, os ginásios cada vez mais cheios e as emissoras de televisão disputando para ver quem transmitiria os jogos.

Nuzman, de novo, teve outra grande sacada, outro lance de extrema ousadia: levar uma partida de vôlei para o maior estádio do mundo, o Maracanã. E propôs um desafio do tamanho das dimensões do Maraca: uma partida contra os soviéticos. Não seria um jogo fácil, porque os soviéticos haviam vencido o Mundial na Argentina e nós, o Mundialito no Rio, ambos em 1982. Era um risco muito grande, que também podia virar um mico. Estávamos habituados com um público em torno de 10 a 12 mil pessoas, que costumavam frequentar o ginásio do Ibirapuera, o Gigantinho, o Maracanãzinho e o Mineirinho. Será que essa galera estaria disposta a ir ao templo sagrado do futebol para ver uma partida de vôlei de uma distância muito maior? Será que iria chover? Aconteceria um bom jogo técnico ao ar livre? Além disso, mesmo que todos esses torcedores comparecessem, isso equivaleria a apenas 10% da capacidade total do estádio, ou seja, o Maraca estaria praticamente vazio. Imaginem a nossa ansiedade!

Só que o Nuzman matou a bola no peito e se apropriou com muita garra da ideia de fazer do vôlei o segundo esporte mais popular do país. Jogou todas as fichas nessa ideia. E ganhou. Foi um jogo histórico. Devido a inesperadas chuvas fortes na cidade, a partida, que inicialmente estava prevista para acontecer no dia 19 de julho – coincidentemente, no dia do meu aniversário –, foi adiada para 26 de julho de 1983. Eu me lembro que, um dia antes do jogo, fomos fazer um treino de reconhecimento – da quadra,

Se não quiser
errar, não tente.
Se não quiser
perder, não jogue.

não do gramado – no Maracanã. Eu fiquei parado, encostado numa trave, sem acreditar que no dia seguinte estaria jogando ali.

O engraçado é que, por causa da emoção de estar no Maraca, baixou em mim o jogador de futebol da infância, o gremista, e comecei a chutar a bola sem parar, brincando com outros atletas. Fui cobrar um escanteio e pá! Senti a musculatura. Só me faltava ficar fora de um jogo como aquele por causa de um bate-bola no treino. Parei na mesma hora. Ainda bem que foi apenas um susto.

Na noite do jogo, a ansiedade era enorme. Chegamos ao Maracanã e fomos direto para o vestiário, sem ter a mínima noção de quantos torcedores apareceriam. O protocolo do evento previa que a entrada dos atletas aconteceria de maneira individual, ou seja, chamariam um de cada vez. Quando fui anunciado pelo alto-falante – fui o sexto a entrar –, fiquei impressionado com o que vi: o Maracanã estava lotado. À medida que os atletas entravam em quadra, a pergunta que fazíamos era sempre a mesma: "Caramba, qual será a quantidade de público?". Pois bem, veio a notícia de que havia 96 mil pessoas ali. Um recorde histórico – até então, o maior número de pessoas reunidas para ver um esporte olímpico que não fosse futebol havia ocorrido na abertura dos Jogos Olímpicos de Tóquio, em 1964, com 90 mil pagantes.

Foi um jogo mítico. Choveu muito naquela noite, e os jogadores dos dois times tiveram inclusive de interromper a partida em alguns momentos para ajudar a secar a quadra. Mas todo esse esforço não parecia suficiente, porque a chuva não dava trégua. Até que alguém teve uma ótima ideia: colocar um carpete por cima do piso de madeira, para que o jogo pudesse continuar. Até hoje não sei de onde surgiu esse carpete!

A cada ponto, a arquibancada do Maraca vibrava como se fosse um gol do Flamengo. Foi de arrepiar. Vencemos os soviéticos por 3 a 1, que também estavam em clima de festa, emocionados por estarem fazendo parte de um momento grandioso do vôlei mundial.

Naquela noite, pela primeira vez, respirei aliviado, com a certeza de que o tapa na mesa do Nuzman tinha valido a pena: "Agora não tem volta", pensei. "Ninguém vai tirar isso da gente."

Também medalhista de prata na Olimpíada de 1984 e um dos atletas mais criativos do vôlei, Bernard Rajzman fala do talento e da ousadia de Renan:

"Na virada dos anos 1970 para 1980, o Brasil não existia no vôlei. Nossa geração era muito limitada fisicamente – éramos considerados os anões da modalidade. Mas éramos também considerados meio loucos. Começamos a tirar essa diferença na quadra, estabelecendo um ousado programa de treinamento, uma gestão própria e também meio doida: treinávamos em até três turnos. Vários atletas tiveram problemas no ombro e nos joelhos. Nós nos arrebentamos para chegar aonde chegamos.

E o Renan é parte fundamental desse processo. Muito criativo, ele sabia que a gente tinha que tirar a diferença em relação às grandes potências, estabelecendo uma escola própria de vôlei. E, se conseguimos criar um estilo de jogo baseado na velocidade, nas fintas, muito disso se deve ao talento e à ousadia do Renan.

Quando ele veio do juvenil para o adulto, ainda muito novo, foi um *upgrade* para nosso time. O Renan jogava em várias posições. Mas não era só um cara polivalente: ele jogava melhor do que os caras que eram da posição de origem. Foi o jogador mais completo que eu vi atuar no Brasil. Um monstro sagrado."

A fé nos leva a todos os caminhos

Era 1984. Jogo a jogo, nossa produção ia subindo. Todo mundo com o foco nos Jogos Olímpicos de Los Angeles. E aí ocorre o imponderável, algo que pode acontecer com qualquer atleta de alto nível:

uma contusão. A quinze dias da Olimpíada, durante uma partida em Salvador, pisei no pé do Amauri e sofri uma contusão séria no tornozelo. Desespero total. O diagnóstico estava dado: eu não teria a menor condição de me recuperar a tempo de disputar os Jogos.

Tentei de tudo. Fui até Porto Alegre para consultar com um dos maiores especialistas em tornozelo na época. Ele foi muito direto: disse que seria possível fazer uma cirurgia, mas que ela era muito delicada, invasiva e que eu corria o risco de perder a qualidade do meu salto. Ou seja, meu rendimento poderia cair muito. Fiquei extremamente abalado.

A CBV disse que eu poderia ir para Los Angeles junto com o grupo, para acompanhar as partidas do banco. Isso porque, nessa altura, já não era mais possível fazer a troca de atletas. A comissão técnica, os médicos, todo mundo já tinha jogado a toalha. Até que a Vera Mossa, jogadora da seleção feminina de vôlei, me falou de um médium chamado Waldemar Coelho, que realizava cirurgias espirituais. Ele já tinha operado a Vera e dezenas de outros atletas, sempre com resultados surpreendentes. Não tive dúvida: eu iria, sim, procurar esse cara. Precisava fazer algo.

Ele atendia apenas em Leme, uma cidade no interior de São Paulo. Como estava impossibilitado de me deslocar, falei com ele por telefone e ele gentilmente foi até o Rio de Janeiro me atender. Foi tudo muito rápido. Durante a cirurgia espiritual, ele fazia todos os movimentos e gestos como se estivesse me operando no plano físico. Quando terminou, disse que eu teria que fazer muitas sessões de fisioterapia. Eu obedeci e fiz tudo. Viajei para os Estados Unidos, dando continuidade de forma intensa à fisioterapia. E, faltando apenas alguns dias para o começo dos Jogos, eu já não sentia a mesma dor. Estava quase pronto para jogar, mas só fui participar efetivamente do time depois das primeiras partidas.

Até hoje sou muito grato ao seu Waldemar pelo carinho e a dedicação com que me atendeu.

Los Angeles, 1984

Chegamos com tudo na Olimpíada. Os americanos, donos da casa, tinham um timaço, um dos maiores de todos os tempos: Karch Kiraly, Steve Timmons, Craig Buck e companhia. Era um grande time, é verdade, mas não imbatível, tanto que já tínhamos ganhado deles algumas vezes na fase de preparação.

E não é que caímos no mesmo grupo dos caras? Depois de vencermos a Argentina e a Tunísia, fomos para o último jogo da primeira fase, quando disputaríamos o primeiro lugar do grupo com os Estados Unidos. Foi um grande jogo: ganhamos de 3 a 0, na casa deles, até com uma certa facilidade.

Avançamos para a próxima fase, fomos ganhando os jogos e chegamos à final. E quem seriam nossos adversários? Novamente, os americanos. Mas eles nos devolveram a surra: venceram a partida por 3 sets a 0, sem que em nenhum momento a gente demonstrasse qualquer tipo de reação. Por que o desempenho contra um mesmo time havia caído tanto e em tão pouco tempo?

Foi então que começaram a correr as teorias conspiratórias. Disseram que os americanos tinham perdido o primeiro jogo de propósito, para, na final, surpreender a gente. Isso não fazia o menor sentido. Perder daquele jeito, tomar uma sacudida daquela, dentro de casa? E não era a primeira vez que o time deles perdia pra gente. Também começaram a dizer que a gente tinha sido espionado pelos americanos durante a fase de amistosos, que eles haviam estudado todos os nossos movimentos em quadra, todas as jogadas. Sim, eles são bons nisso, mas de novo não fazia sentido: estudaram tanto e perderam o primeiro jogo por 3 a 0?

A conclusão a que cheguei é que o time americano realmente jogou muito bem e foi merecedor da vitória, e que ainda não estávamos preparados emocionalmente para ganhar o ouro. O Brasil nunca tinha passado pela experiência de disputar uma medalha olímpica; os Estados Unidos também não, devo confessar, mas o componente emocional para os atletas brasileiros teve um peso muito grande. Éramos todos muito jovens, não estávamos maduros. O próprio Bebeto, com todo o seu conhecimento e talento, tinha apenas 33 anos. Devido a isso, nos momentos mais complexos da competição, tivemos muitas dificuldades para administrar situações que normalmente seriam fáceis de solucionar, mas que, naquele momento de estresse, tomaram uma proporção muito maior.

O *boom* do vôlei

Não ganhamos a medalha de ouro, mas atingimos o objetivo traçado lá atrás pelo Nuzman, naquela histórica reunião cheia de ousadia que sacudiu todo mundo. A medalha de prata em Los Angeles continuou trazendo novos investimentos para o vôlei e oportunidades para todos que estavam envolvidos com o esporte.

O William e o Montanaro tinham uma revista chamada *Saque*, sobre os bastidores do esporte, que depois virou marca de roupa, com direito a loja especializada e franquia em shopping. Eles me contrataram como garoto-propaganda. Eu aparecia tanto nos eventos e nos comerciais que muitos achavam que eu era um dos sócios.

O vôlei estava bombando. Em algumas cidades, como Rio de Janeiro, Recife, Fortaleza, Porto Alegre e São Paulo, já era possível ver redes de vôlei tomando conta dos parques e das areias da praia. Foi realmente impressionante a velocidade como tudo aconteceu! O vôlei definitivamente havia entrado na casa das pessoas, pois os jogos tinham grande audiência na televisão. Quero reforçar aqui mais uma vez o papel do Luciano do Valle, que inovou muito na narração dos jogos. Ele ajudou bastante nesse processo todo, criando um jeito próprio de se exprimir durante as partidas. Quando o Bernard dava o saque jornada, na transmissão ouvia-se, ao fundo, um som de foguete. O público se identificava muito com esse lado festivo do vôlei.

Ao longo dos anos, outras mudanças foram ajudando a tornar o vôlei um esporte ainda mais dinâmico, como o fim da regra da vantagem, em 1998. Se hoje qualquer bola no chão, na quadra, significa ponto, antigamente só marcava ponto a equipe que havia sacado naquela vez. Essa mudança diminuiu de modo radical a duração das partidas. Recentemente, aproveitei para rever, com meus filhos, um jogo marcante para mim, um Brasil × URSS, em 1985. Em certo momento, eu ataco uma bola e o Luciano do Valle diz: "São quase cinco horas de jogo e esses caras ainda estão nesse gás todo?".

O fim da vantagem alterou muito a preparação das equipes, o sistema de treinamento e a dinâmica do jogo. Aqui no Brasil essa adaptação foi mais rápida do que em outros países. Nossa capacidade de encontrar soluções no curto prazo, inclusive dentro do próprio jogo, sempre foi nosso diferencial.

Essa linda história da Geração de Prata não estaria sendo contada se um bando de malucos, apaixonados pelo vôlei – e aí eu incluo não só os jogadores, mas gente como Nuzman, Paulo Márcio, Bebeto, Brunoro, Jorjão, o Major Paulo, Braguinha, Luciano do Valle e muitos outros –, não tivesse tido a audácia de transformá-lo no segundo esporte mais popular do país, saindo praticamente do zero.

Uma nova febre: o vôlei de praia

Quando comecei a jogar vôlei de praia, o esporte ainda era pouco conhecido no Brasil e vivia em pleno amadorismo. Não havia regras muito claras, torneios oficiais, federação, nada disso. Os Estados Unidos é que estavam mais adiantados, já profissionalizados e com um circuito próprio, organizado pela AVP (Associação de Vôlei Profissional Americana).

O Nuzman, sempre um cara muito ousado e de olho na popularização ainda maior do vôlei, começou a se mexer. Em 1986,

Ousadia é a magia do risco calculado.

a CBV organizou, com a presença de alguns atletas estrangeiros e nomes conhecidos do vôlei de quadra, um torneio chamado Hollywood Volley, que passou por Rio de Janeiro, São Paulo e Santos. Foi muito legal participar, ao lado de outros companheiros da minha geração, como Montanaro, Badá, William, Vera Mossa, Isabel e Regina Uchôa.

Aos poucos, a história começou a ficar mais séria. Um ano depois, em 1987, o Nuzman conseguiu trazer para o Brasil o primeiro Mundial de Vôlei de Praia da história, disputado no Rio. Fiz dupla com o Montanaro e terminamos em terceiro lugar, a melhor posição brasileira. Os americanos Sinjin Smith e Randy Stoklos ficaram com o título, seguidos de outra dupla americana, formada por Karch Kiraly e Pat Power.

Joguei os dois mundiais seguintes de vôlei de praia, também disputados no Rio, conquistando o terceiro lugar em 1988 (de novo fazendo dupla com o Montanaro) e a quarta posição em 1989, dessa vez atuando ao lado do Bernard.

Tudo isso levou o vôlei de praia a se tornar uma febre no Brasil. Uma vez, em 1987, lembro que saí bem cedinho do hotel onde as duplas estavam hospedadas para dar uma volta pelo calçadão e tomei um susto: a fila para entrar na arena de vôlei era tão grande que não dava nem para enxergar onde ela terminava.

O esporte evoluiu de forma impressionante, e começaram a surgir os especialistas na modalidade. Os que migraram da quadra para jogar na praia tiveram que treinar bastante para chegar ao nível dos que já tinham uma bagagem.

Foi uma experiência incrível e uma grande honra ter ajudado a divulgar um esporte que se tornou tão importante no país, responsável por trazer muitas medalhas olímpicas para o Brasil. E tudo isso começou com a nossa vontade de ousar e de trazer reconhecimento para um esporte pelo qual éramos apaixonados.

APRENDIZADOS

Se você deseja de fato conquistar resultados relevantes, é preciso ousar. Ninguém se torna referência no mercado permanecendo na média. O inconformismo é uma característica das pessoas brilhantes. A ousadia, nesse contexto, é o ato de inovar, de tentar algo diferente, mesmo sabendo que a única certeza que se tem na vida é que um dia vamos errar.

Vale lembrar que sorte é preparação com oportunidade. Por isso, precisamos nos preparar muito para que, quando ela surgir, possamos primeiro reconhecê-la e depois agarrá-la.

Como diz Luiza Helena Trajano, uma das empresárias mais influentes do país e uma amiga querida, minha e da Anna, minha esposa: a sorte só aparece para quem está em movimento.

CAPÍTULO 5

Resiliência

A carreira de um atleta de alta performance, ou de qualquer outro profissional, é inevitavelmente marcada por altos e baixos. É impossível ter sucesso ou alegrias sempre; ninguém escapa desses picos e vales que a vida impõe. Por isso mesmo, para mim, um dos pilares mais importantes na vida é a resiliência, ou seja, a capacidade do indivíduo de lidar com os problemas, de resistir a vários tipos de pressão, de buscar soluções não só para superá-los, mas também para retornar à luta como um ser humano melhor.

Nas minhas palestras, sempre cito a chamada "teoria do prospecto", tese desenvolvida pelo ganhador do Prêmio Nobel de Economia Daniel Kahneman e por Amos Tversky, para mostrar que a maioria das pessoas sente mais intensamente suas perdas do que seus ganhos, mesmo que os ganhos sejam maiores do que as perdas. Essa percepção faz com que muita gente não aceite correr riscos e perca ótimas oportunidades durante a carreira.

O mais importante não é nunca errar, e sim aprender com os erros. E, mesmo que a vida imponha um momento de baixa ou uma fase ruim, pelos quais você não é diretamente responsável, é possível também extrair lições importantes nesse processo. Neste capítulo, vou narrar uma incrível história de superação de uma família, a minha, que enfrentou um grande drama – a grave doença de uma criança –, mas conseguiu superá-lo porque todos os envolvidos foram muito resilientes e se transformaram em pessoas melhores depois desse pesadelo.

Uma grande mulher

Antes de qualquer coisa, porém, preciso falar de uma pessoa de grande importância na minha vida: Annalisa. Nós nos conhecemos em 1988, no aeroporto de Guarulhos (SP), ambos fazendo conexão para seus respectivos voos. Lembro exatamente quando a vi pela primeira vez: ela estava falando ao telefone, no orelhão do aeroporto, vestida com um macacão jeans, desbotado e rasgado.

Fiquei tão encantado que, na cara de pau, fui usar o orelhão do lado, fingindo que estava fazendo uma ligação. Toda vez que ela perguntava algo para a mãe, do outro lado da linha, eu respondia em voz alta. Ela riu da brincadeira e começamos a bater papo. Descobri que ela era de Florianópolis, e eu contei que costumava ir bastante para aquela cidade. Enfim, trocamos telefone e ficamos de nos falar.

A Annalisa não reconheceu o jogador de vôlei Renan Dal Zotto. Ela trabalhava com moda, e vivia num universo bem distante do meu. Nossa diferença de idade também era grande: onze anos. Eu tinha 27 e ela, 16. Comecei a ligar para ela direto. Mas a família dela me boicotava, provavelmente por causa da diferença de idade. Na época não existia celular, somente telefones fixos; quando eu ligava, a mãe atendia, dava alguma desculpa e desligava. Até que um dia a própria Annalisa atendeu e a gente conseguiu conversar. Ela disse que estava indo para São Paulo, onde eu morava (jogava pela Pirelli), para fazer alguns trabalhos como modelo.

Nós nos encontramos, conversamos e combinamos de nos ver de novo. E começamos a ficar juntos. Eu, completamente apaixonado, disposto a me casar, e ela querendo cumprir todo o protocolo: disse que eu precisava ir até Florianópolis para conhecer os pais dela e a família para, quem sabe, começar a pensar em algo mais sério. Fui para Floripa, e a família, após me conhecer pessoalmente, passou a ter mais confiança em nossa relação. Ela alugou um apartamento em São Paulo, por causa dos trabalhos com moda, e demos início a uma relação mais séria.

Naquele mesmo ano em que nos conhecemos, recebi um convite para jogar na Itália, logo após os Jogos Olímpicos de Seul. A Annalisa, que era filha de italianos e inclusive havia nascido na Itália, dominava a língua e me ajudou a formular todo o contrato com o Maxicono Parma. Todo mundo achava que essa minha mudança representava o fim de nosso relacionamento: eu ia morar fora e ela continuaria a carreira de modelo no Brasil. Quando ela terminou de redigir o texto, porém, eu disse que havia só um problema: no contrato, eu teria que pedir duas passagens, e não uma, para o clube italiano.

Annalisa perguntou, assustada: "Como assim?". E eu: "Porque você vai comigo!". Ela disse que o pai nunca a deixaria viajar para a Itália. Estávamos juntos havia apenas três meses. Eu disse que nos casaríamos antes de ir e fui pedir a mão de Annalisa para o pai, um típico siciliano, de coração enorme, mas muito bravo. Chegando lá, disse quais eram minhas intenções. O pai pegou uma espingarda, na brincadeira, mas disse, em tom sério: "Tudo bem, mas, se você maltratar minha filha, vou buscá-la onde ela estiver".

Fomos em outubro para a Itália, antes do casamento, porque já estava tudo acertado para eu começar a jogar e ela iniciar a faculdade de Direito. Prometi ao pai dela que voltaríamos para o Brasil em dezembro para nos casar. E, no dia 24 de dezembro de 1988, numa pequena cidade perto de Florianópolis, nos casamos. A irmã da Annalisa, a cantora Deborah Blando, que fez muito sucesso nos anos 1980, cantou lindamente a "Ave Maria". Apesar de o casamento ter sido no Natal, alguns atletas compareceram, inclusive o Bernardinho, que foi um dos padrinhos. Foi tudo muito rápido, mas deu certo!

Na busca de grandes sonhos, a parceria é fundamental. Ela só se torna verdadeira quando você se realiza com as conquistas do outro.

A doença de Gianluca

No dia 11 de setembro de 1993, nascia nosso primeiro filho, Gianluca. Nessa época, tínhamos acabado de voltar ao Brasil depois de um período de cinco anos vivendo na Itália. Dois anos e quatro meses depois, já morando em Santa Catarina – eu já tinha parado de jogar e era treinador da equipe do Frigorífico Chapecó –, começaram a aparecer umas manchinhas no corpo dele. Achei estranho, perguntei se alguém o tinha machucado. Outras manchas começaram a aparecer nas costas. Resolvemos levá-lo ao hospital de Chapecó. Num primeiro momento, o médico achou que fosse uma simples intoxicação alimentar, uma alergia, algo do tipo. Mesmo assim, pedi que fizessem um exame de sangue.

Ficamos eu e a Annalisa esperando o resultado do exame. Até que veio o enfermeiro e disse: "É melhor vocês irem almoçar. O hematologista-chefe é quem vai falar com vocês". Levamos um susto: hematologista? Voltamos do almoço e encontramos, enfim, o médico, que foi bem claro e direto: "É preciso fazer mais alguns exames, mas dificilmente vai dar outra coisa: seu filho está com leucemia e o estado dele é grave. Se puderem, tratem-no em São Paulo".

Bateu o desespero. Em pleno 1996, falar em leucemia era como se fosse uma sentença de morte. Eu tinha as piores referências possíveis: um parente do Bebeto de Freitas, por exemplo, tinha morrido de leucemia. Ficamos apavorados, tentando entender aquela situação, completamente sem chão. Ainda digerindo tudo aquilo, eu estava no hospital quando recebi uma ligação do presidente do Chapecó, Plinio David de Nes Filho, mais conhecido como Maninho. Um cara maravilhoso. Ele foi o mais objetivo possível: "Renan, já estou na tua casa, fazendo tua mala. Você vai levar o Gianluca para São Paulo, o avião já está na pista etc. etc.". Na viagem até São Paulo, houve um momento que eu nunca mais esqueço. Nós três ali, a Annalisa chorando, e nós desejamos, dentro daquela loucura, daquele desespero, que o avião caísse.

CAPÍTULO 5 • RESILIÊNCIA | 105

Para nós, não havia mais volta, e o certo era que a gente fosse embora junto com nosso filho. Não havia sentido nenhum em tudo aquilo – coitados dos pilotos –, mas esse pensamento mostra quanto estávamos desesperados e pessimistas após o diagnóstico do médico de Chapecó.

Antes de embarcar para São Paulo, tínhamos ligado para nossos pais. Annalisa também telefonou para uma amiga, a Carla Saldanha, e eu, para o Bernardinho. Quando entramos no saguão do Sírio-Libanês, o Bernardinho já estava lá. Ele foi um grande parceiro nesse momento, um irmão. Fizemos todos os exames, que confirmaram o primeiro diagnóstico. Gianluca tinha leucemia linfoide aguda de alto risco, também chamada de LLA. Nesse caso, não é preciso fazer transplante, mas o tratamento é longo e, no caso dele, bem agressivo.

Na primeira internação, que durou quinze dias, houve um problema: o hospital autorizava apenas um acompanhante no quarto. Fomos bem claros: "Nenhum de nós dois vai para casa. Queremos ficar com nosso filho, dentro do quarto. Chame o dono do hospital, se for preciso". Eles abriram uma exceção e ficamos os quinze dias com ele. Logo de cara, ele passou pela primeira das 42 transfusões de sangue que foi obrigado a fazer durante todo o tratamento.

O drama estava só começando. Na primeira noite, acordei em determinado momento, coloquei o pé no chão e senti o piso do quarto molhado. O Gianluca tinha se virado na cama e desconectado o soro; seu sangue estava escorrendo no chão. Chamamos o enfermeiro, e assim teve início a primeira transfusão. Quando terminou, o Gianluca teve uma reação ao tipo de sangue, e começou a tremer todinho, a contrair o corpo. Foi horrível. Só melhorou depois de uma injeção. Nessa mesma noite, a primeira de muitas, fui ao banheiro do quarto do hospital, liguei o chuveiro e fiquei ali, chorando muito, pensando: "Não vamos aguentar tudo

Mesmo na derrota você pode ganhar, desde que tire dela os devidos aprendizados.

isso, não vamos aguentar". Era só o primeiro dia, e a minha sensação era essa.

Ao mesmo tempo, em meio a esse drama, a esse pessimismo inicial, o hospital nos solicitou quarenta doadores de sangue. Começamos a receber ajuda de todos os lados. Não vou citar nomes aqui, pois tenho receio de esquecer muita gente, mas lembro que na hora de doar sangue para o Gianluca o pessoal do vôlei se mobilizou. Veio o time inteiro do Banespa, do Minas e do Palmeiras.

Um dia, no elevador do hospital, encontramos por acaso um amigo da Annalisa, de Floripa, o Cadu Coelho, que eu nem conhecia. Ele perguntou o que a gente estava fazendo ali, explicamos, e na mesma hora ele foi doar sangue. O Cadu era do mesmo tipo de sangue e se tornou o principal doador do Gianluca durante todo o tratamento, principalmente das plaquetas. Ali nasceu uma linda amizade com ele, sua esposa, Andrea, e seus filhos.

Doar plaquetas é mais complicado e muito mais invasivo do que doar sangue, e não é todo mundo que topa. Quem doa tem a sensação de que está entregando a alma. Mas o Cadu se prontificou, foi um grande parceiro, um cara sensacional. Toda vez que pedíamos, ele doava plaquetas e papas de hemácias. Nós brincamos que ele é o verdadeiro pai de sangue do Gianluca.

Altos e baixos

Durante o tratamento, comecei a perceber que o Gianluca, por ser muito novo, não tinha a real dimensão do que estava acontecendo. Na cabeça dele, todo aquele processo era normal. E a gente fez o possível para fazer do quarto dele no hospital uma extensão da nossa casa. Levamos brinquedos, colocamos os bichinhos dele, tudo para aliviar aquele clima de hospital.

O tratamento é cheio de altos e baixos. Pelo menos três vezes fomos chamados pelos médicos – os queridos e dedicados dr. Vicente Odone Filho e dra. Lilian Cristofoli – para ouvir que não havia muito mais o que fazer, que os remédios já tinham sido dados, que a imunidade estava lá embaixo, próxima de zero, e que só nos restava aguardar e praticar a nossa fé. É muito cruel tudo isso. Eu lembro que uma vez, diante desse diagnóstico, saí correndo até a rua em frente ao hospital, me agarrei a uma placa de trânsito e comecei a chorar copiosamente. Fui consolado pelos taxistas do ponto em frente, mas o desespero não passava.

A família toda se mobilizou e sempre foi muito presente. Mas havia momentos, quando o quadro do Gianluca piorava, em que não podíamos receber visitas. Ele estava tão fragilizado que, se alguém gripado respirasse perto dele, ele podia desenvolver uma pneumonia. E muita gente também se afastou, porque era barra-pesada mesmo. Alguns até achavam, por ignorância, que aquele tipo de doença era contagioso.

Em todo esse processo, eu e a Annalisa aprendemos muito, nos tornamos muito mais resilientes. Muito do que aprendi durante a doença do Gianluca eu levei para dentro da quadra, para meu trabalho como treinador de vôlei. Até então, eu não sabia dizer não, tinha dificuldade com isso. Durante o tratamento, não tinha essa. Como a saúde do meu filho estava sempre em primeiro lugar, eu era claro e firme na hora de dizer não até mesmo às pessoas queridas e próximas: "Não, você não pode entrar no quarto. De jeito nenhum!".

E o contrário também aconteceu: levei muitos ensinamentos do esporte para dentro do tratamento. Montamos um time sensacional, totalmente afinado: eu, Anna, nossos pais, os enfermeiros, os médicos... E começamos a buscar conhecimento e a nos informar sobre todas as possibilidades de tratamento, como se a doença do Gianluca fosse nosso grande adversário. A Annalisa, por exemplo, praticamente fez uma "pós-graduação" em medicina. Ela passou a saber tudo sobre a doença, além de estudar cromoterapia, terapia floral, tudo o que existia e que pudesse

O todo é sempre maior do que a soma das partes.

ajudar nosso filho – e que não fosse invasivo. Ela até questionava as enfermeiras: "Por que você está dando isso? Não está na hora ainda. A dosagem está correta?".

A doença do Gianluca repercutiu muito na imprensa. Eu raspei a cabeça para ficar igual a ele – afinal, éramos um time – e algumas revistas deram a notícia. A Deborah Blando fez uma música para ele, muito bonita. Mas, quando começou a sair muita notícia, demos uma blindada, evitando que mais matérias fossem feitas. Nossa rotina era toda voltada para o tratamento.

Contudo, abri algumas pequenas exceções a essa rotina, como continuar a trabalhar. Eu precisava gerar renda e levar minha vida profissional adiante. Mas era muito difícil separar as coisas. Eu praticamente não dormia. Passava a madrugada com o Gianluca no hospital e de manhã tinha treino. Uma vez, me atrasei uma hora e meia porque, exausto, simplesmente não consegui acordar. O clube onde eu trabalhava me deu uma multa pesada pelo atraso. Entendi que a vida seguia normalmente para todos; a nossa é que estava de pernas para o ar.

Quando o Gianluca se recuperava das sessões de quimioterapia e a imunidade dele melhorava, nós tentávamos fazer com que ele tivesse um dia a dia quase normal, como qualquer criança (embora ele ainda não pudesse frequentar a escola). Nessa época, já estávamos morando em São Paulo, e tínhamos fácil acesso ao hospital onde se dava o tratamento, mas, quando saíamos com ele, era impossível não ficarmos preocupados, pois ele continuava muito frágil. Uma vez, levei o Gianluca para uma festa junina, junto com uma amiguinha. A menina deu um pulo numa escadinha e se agarrou na grade de uma quadra. O Gianluca quis fazer o mesmo e, na hora de saltar, caiu com a cabeça para trás na arquibancada e desmaiou. Corremos para o hospital mais próximo, desespero total. Dormimos muito assustados na UTI, pois ele teve que ficar em observação, mas, para nossa alegria, nada grave aconteceu.

Lair Ribeiro e as metas e minimetas

Durante o tratamento, que durou dois anos e meio, ocorreram muitos momentos marcantes, como o contato com o médico Lair Ribeiro, uma pessoa sensacional, com quem aprendemos muito. Fomos convidados para um dos cursos ministrados por ele, um curso rápido, de três horas. Sentamos na primeira fila para ouvir o que ele tinha a dizer.

O Lair começou citando uma pesquisa feita nos Estados Unidos. Esse estudo dizia que, entre pessoas com doenças graves, as que viviam mais eram justamente aquelas que mantinham um plano de vida, com objetivos e metas, sempre com algo a realizar ou conquistar. A partir desse curso, decidimos estabelecer um plano de metas e minimetas para o Gianluca.

Qual era o sonho dele? Ir para a Disney? Pronto, vamos estabelecer o seguinte: quando ele tiver alta, mais ou menos quando fizer cinco anos, ele vai para a Disney. E as minimetas podem vir antes disso. Aí colocamos no quarto dele um quadro com metas e minimetas. Ele acordava, olhava o quadro, sabia qual minimeta gostaria de realizar e quantos dias faltavam para ela. Por exemplo, uma das minimetas era ganhar uma festa de aniversário com o tema do Rei Leão, incluindo uma fantasia. Ele criava uma expectativa, se animava com as possibilidades. Tudo isso foi muito importante para o processo de recuperação dele, porque ele se via aos 4, aos 5, aos 18 anos. Fazíamos com que visualizasse como seria a vida dele ao longo dessa divertida jornada.

Além de metas e minimetas, tentamos criar o ambiente mais lúdico possível para ele dentro do hospital, com a ajuda dos médicos e enfermeiros, para que levasse a vida da forma mais natural possível. Em certo ponto, ele teve que fazer dez sessões de radioterapia preventiva, um processo complicado para um menino de 4 anos, porque ele teria que ficar imóvel, sozinho na sala, durante a aplicação desse tratamento. Como é preciso atacar um

Valorize as pequenas conquistas. No longo prazo, isso fará uma grande diferença em sua vida.

determinado ponto do cérebro, ele teria que usar uma máscara, parafusada na cabeça. Para não assustá-lo, criamos toda uma fantasia em torno daquele procedimento. Colocamos uma luzinha vermelha, um cenário e ensaiamos, junto com a psicóloga responsável, uma "conquista espacial". O Gianluca, claro, seria o herói. Ele adorou, curtiu o ensaio, a história toda. Mas, quando chegou o dia de fazer de fato a radioterapia, a médica que havia feito o ensaio com a gente tinha entrado de férias. O Gianluca achou estranho. Ele logo desmontou toda aquela fantasia em sua mente, disse que não se tratava de viagem espacial coisa nenhuma e que não colocaria a máscara. Insistimos e nada.

A Annalisa foi firme, dura: "Gianluca, você sabe que tem uma doença grave [a gente nunca escondeu isso dele] e que, se você não entrar lá, colocar essa máscara e esperar um tempo desse jeito, você nunca mais vai crescer". Gianluca olhou assustado. "Mas, se você for corajoso, entrar lá e fizer o tratamento, depois de cada sessão vamos te dar uma parte daquela cidade de brinquedo que você quer construir. Um dia, o corpo de bombeiros; no outro, o hospital; depois, as casinhas...". Contrariando as boas práticas da educação, que dizem que não se deve oferecer presentes e outras formas de consumo em troca de algo, fizemos Gianluca entender que ele não tinha alternativa. Ele então se convenceu, e acabou fazendo todas as sessões, sem reclamar, mesmo com as queimaduras na cabecinha provocadas pela rádio.

Sempre que concluíamos um ciclo agressivo de quimioterapia, eu e a Anna corríamos para uma churrascaria que ficava na Avenida Rebouças para comemorar – com muito churrasco, caipirinha e gratidão pela fase delicada que havia sido superada. Era nosso momento de alegria, de colocar tudo pra fora. Quando houve uma tragédia na família da Annalisa, o assassinato de uma prima dela, o Gianluca, ao perceber todo mundo triste na missa de sétimo dia, virou pra gente e disse: "Pai, por que você não leva todo mundo pra churrascaria?". Na cabeça dele, a churrascaria tinha esse simbolismo, de representar uma virada no astral. Seguimos a dica dele e fomos todos comer e beber na churrascaria.

Viramos fregueses do local, porque foram vários e vários ciclos de quimio até o tratamento ser concluído e o Gian receber alta, aos 5 anos. Depois, ele passou a ter otites e sinusites de repetição por mais dois anos, até ser possível retirar as amígdalas, que ficaram gigantes, mas que eram importantes na recuperação de sua imunidade. Foram mais dois anos de antibióticos e febres altas, mas nossa vida já era tão fácil sem sessões de quimioterapia que fazíamos os tratamentos com muita disciplina e leveza. Havia uma preocupação nossa, durante o tratamento, de que ele ficasse com alguma sequela na parte intelectual, uma deficiência, por exemplo, no raciocínio matemático – o que, felizmente, não se confirmou. Pelo contrário. Ele é formado em engenharia de produção e sempre foi um cara acima da média, muito inteligente.

Em relação à parte física, o tratamento o impediu de crescer muito – provavelmente ele teria ficado ainda mais alto do que eu –, mas não o impediu de ter uma estatura normal, absolutamente dentro do padrão brasileiro.

Quando fui ser técnico na Itália e nos mudamos para lá, em 2007, o Gianluca começou a jogar vôlei no time da cidade. Em menos de um mês já era titular. Jogava na sua categoria e na acima, como líbero – uma posição que não exige que o atleta seja tão alto. Mas, antes que ele se empolgasse, coloquei na cabeça do Gianluca que ele tinha que dar prioridade aos estudos de engenharia. O talento dele estava ali.

Novos desafios

Resolvemos ter o segundo filho. O Enzo nasceu em 1998. Durante a doença do Gianluca, muita gente dizia que a gente precisava fazer logo outro filho. Isso nunca passou pela nossa cabeça. Não fazia o menor sentido. O foco era o tratamento do nosso filho, tanto que

A dor da derrota
é muito maior
do que o prazer
da vitória.

combinamos de ter o segundo só quando o tratamento do Gianluca estivesse chegando ao fim.

O Enzo nasceu em São Paulo. Por precaução, congelamos seu cordão umbilical; havia uma chance (o prazo era de cinco anos) de que a doença do Gianluca voltasse e, se isso acontecesse, ele teria que fazer transplante de medula. A chance de o Enzo ser compatível era de 25%.

Quando o Enzo nasceu, tomamos um susto. Ele veio prematuro, teve que ficar uma semana na incubadora. Foi bem preocupante, mas depois recebeu alta. Durante a infância e a adolescência, ele teve alguns problemas de relacionamento: era uma criança impulsiva, distraída e agressiva, e sofreu *bullying* na escola por conta de seu temperamento. Tivemos de buscar ajuda médica para ele também, que foi diagnosticado com distúrbio de déficit de atenção (DDA).

No caso do Enzo, tratamos com medicamentos e também com terapia. Era o que ele precisava para juntar os "fiozinhos" e seguir em frente. O Enzo se tornou um menino incrível, totalmente voltado para a área de criação. Sempre adorou música e demonstra grande talento nessa área – puxou a tia, Deborah Blando. Fez dessa paixão sua profissão – é um DJ superpopular em Florianópolis, além de produtor musical. Ele tem seu próprio estúdio aqui em casa, que é como se fosse seu mundo particular.

Após a cura do Gianluca e o nascimento do Enzo, decidimos nos mudar para Florianópolis, em 1999. Sabíamos que o mar é bom para eliminar a radiação da radioterapia, e também queríamos que os meninos crescessem subindo em árvores, curtindo a infância com segurança e liberdade. Com essa mudança, tive que aprender a me reinventar – como você verá no próximo capítulo, nessa época comecei a trabalhar pela primeira vez com gestão esportiva. Eu só voltaria a ser técnico em 2005, quando o Gianluca me pediu isso. Ele queria me ver nas quadras.

Annalisa Blando Dal Zotto, fundadora e diretora-geral da Par Mais Investimentos, além de líder do Movimento Mulheres do Brasil, em Florianópolis, é esposa de Renan e o acompanha há muitos anos em sua carreira. Aqui ela fala de forma franca a respeito de sua relação com os filhos e a família.

"Quando soubemos que o Gianluca, na época com 2 anos e meio, tinha leucemia linfocítica aguda de altíssimo risco, ou seja, com grandes chances de a doença voltar mesmo após o tratamento de quimioterapia, o primeiro sentimento foi de desespero total. O que vai acontecer com a nossa vida? O que será desse menino? Ele vai morrer? Se ele morrer, vamos morrer junto. Esse era o sentimento.

O tratamento, que durou dois anos e meio, foi muito doloroso e invasivo. Foram 22 internações no total e 42 bolsas de sangue/plaquetas tomadas. Durante o tratamento de quimioterapia, ele fez radioterapia preventiva no cérebro. No meio do caminho, Gianluca teve nove infecções generalizadas. A todo momento, lidamos com a possibilidade de nosso filho morrer. Foi muito duro, uma jornada que exigiu muito esforço da gente.

E lutamos muito, mas muito mesmo. Gianluca também foi um guerreiro. Desenvolvemos todos nós uma resiliência, uma capacidade muito grande de resolver os problemas. Era como se a gente tivesse a certeza de que todos os problemas que surgiriam na nossa vida depois disso se tornariam pequenos. Até hoje, quando tem dia que dá tudo errado, absolutamente tudo, na empresa ou na quadra, a gente para – eu e o Renan – e se questiona: 'Epa, espera aí. Ninguém morreu, né? Bola pra frente'.

Durante o tratamento, o dr. Vicente Odone Filho, médico dele, um ser maravilhoso, foi muito claro: a gente não podia levar nosso sofrimento, que era inevitável, para dentro do quarto do Gianluca.

Ele dizia: 'Lugar de pai e mãe chorar é no chuveiro'. Por isso, fui muitas vezes chorar na capela do hospital. E acertamos ao blindar o Gianluca de todo esse sofrimento e, ao mesmo tempo, deixar claro que ele tinha necessariamente que fazer aquele tratamento para crescer forte e saudável, e que tinha que encarar suas metas e desafios para vencer a doença. E posso dizer que, apesar de todo o perrengue que passamos, conseguimos fazer da vida do nosso filho nessa época a menos sofrida possível. Mais do que isso: Gianluca teve muitos momentos de alegria durante todo o processo.

E chegou o momento em que liberei o Renan. A gente precisava do trabalho dele no vôlei para sobreviver financeiramente. E fico imaginando de que forma o Renan levou para as quadras todo esse aprendizado, toda essa vivência. E quanto também a experiência dele em quadra – em lidar com as pessoas, em formar grandes grupos de trabalho – ajudou no tratamento do Gianluca.

Conseguimos chegar ao fim do tratamento, todos juntos, mais fortes emocionalmente e mais unidos. Então engravidamos do segundo filho. Como havia a chance de a doença voltar – e nesse caso seria preciso fazer o transplante de medula óssea (e não existia um banco de medulas no Brasil) –, resolvemos preventivamente congelar seu cordão umbilical. Felizmente, nunca soubemos se a medula do Enzo é compatível ou não. O fim do tratamento do Gianluca, porém, também teve seus perrengues. Em certo momento, ele sofreu uma reação alérgica terrível e começou a se debater todo, a temperatura subindo rápido, foi assustador! Isso influenciou, claro, o meu estado emocional e, consequentemente, a gravidez. Tive contrações e passei os últimos quatro meses antes do parto em casa, em repouso.

O Enzo nasceu de 37 semanas. Como o pulmão ainda não estava pronto, ele ficou uma semana na UTI. Passamos, de novo, por um grande drama, que não se limitou apenas às consequências do parto. O Enzo apresentou DDA

(Distúrbio do Déficit de Atenção): era uma criança hiperativa, distraída e impulsiva. Não ouvia a gente, dava trabalho na escola, tinha dificuldades para se relacionar com as outras crianças, era agressivo. Eu me lembro de que ele não tinha medo de nada: subia em árvores enormes, corria grandes riscos e não estava nem aí. Isso nos causava grandes sustos. Chegou o momento que decidimos tratá-lo com medicamentos.

Por recomendação médica, ele passou a tomar ritalina e outros derivados. E parou de dar trabalho, tanto em casa quanto na escola. Fazia todas as tarefas, virou outra pessoa. Mas, para falar a verdade, virou um robô. Os remédios acabaram com o Enzo que a gente conhecia, que dava problemas, é claro, mas que também tinha uma grande vivacidade e alegria. Foi nesse momento que escolhemos o caminho mais difícil, que exigia muito mais dedicação e resiliência dos pais – e um esforço enorme dele também –, mas que, no longo prazo, se mostrou o melhor caminho. Retiramos os remédios e ele passou a se tratar com terapia e tratamentos mais leves.

O tempo passou, e felizmente esses desafios todos ficaram para trás. Hoje digo que tenho imenso orgulho dos meus filhos: Gianluca é engenheiro de produção e Enzo é produtor musical e DJ, ambos muito bons no que fazem. Olhando para trás, posso dizer que eu, Renan e nossos filhos formamos um baita time. E a resiliência nos fez muito mais fortes e cascudos."

Tive outros momentos de resiliência durante minha vida e carreira, mas nada comparado com a experiência que narrei neste capítulo. Ela me tornou mais forte, me deixou ensinamentos e, principalmente, me trouxe a certeza de que vou viver outros momentos complicados na minha trajetória. Só espero, com o que aprendi e vivenciei até aqui, estar mais forte para enfrentá-los e superá-los.

APRENDIZADOS

A maioria das pessoas pode pensar que a trajetória do sucesso é sempre linear e crescente, mas não é. A linha da nossa vida é feita de altos e baixos, de picos e vales. As pessoas realizadas nos âmbitos profissional e pessoal aprendem rapidamente com os fracassos e as frustrações, e saem fortalecidas para os próximos desafios.

Uma grande lição para mim é sempre brindar e valorizar as pequenas conquistas, pois sabe-se que, de acordo com a famosa teoria do prospecto, a dor da derrota é muito maior do que o sabor da vitória. Faça valer a pena cada momento de sucesso!

CAPÍTULO 6

Planejamento

Pense em tudo o que eu disse até aqui. Nada fará muito sentido se você não souber se planejar. Saber o que vai fazer – e como vai fazer – e, principalmente, estar preparado para mudar de rota no meio do caminho, dependendo dos obstáculos e do ambiente em que está inserido, levando em conta as pessoas envolvidas, é tão fundamental em sua trajetória de vida e profissional quanto somar conhecimentos e habilidades.

Neste capítulo, quero ressaltar a importância de uma pessoa fundamental, que me passou muitos ensinamentos e me ajudou a planejar melhor minha carreira e minha vida em todos os aspectos: o doutor Lair Ribeiro.

Eu lembro como se fosse hoje o primeiro curso dele a que assisti, em Florianópolis, em 1989. Até então, eu gostava de assistir a algumas palestras, mas só aproveitava uma coisinha aqui, outra ali. Não foi o que aconteceu quando eu e a Anna paramos para ouvir o Lair. Foi algo impressionante: quase tudo que ele disse naqueles três dias do curso "Sintonia 1" fez sentido para nós – uma avalanche de informações que mudou nossa vida.

Em primeiro lugar, mudou nossa relação dentro do casamento. Passamos a entender, de forma mais nítida e clara, por que cada um se comportava de maneira tão diferente em várias situações do dia a dia. Ele nos ensinou que todo ser humano é visual, auditivo e sinestésico, mas que cada pessoa tem uma dessas três características mais acentuada.

Eu descobri, por exemplo, que a Anna é muito auditiva. Depois de algum desentendimento, por exemplo, não adianta eu chegar em casa com um buquê de rosas que ela não vai dar a mínima. Ela precisa *ouvir* o que eu tenho a dizer. Assim como de manhã ela se irrita com o som alto da televisão ou do rádio, ou simplesmente com minha conversa em voz alta pelo telefone com alguém. Já no meu caso, sou extremamente sinestésico: depois de uma discussão, não adianta vir com muitas explicações, mas um abraço afetuoso certamente vai me confortar. É incrível como isso funciona!

Outro exemplo interessante: quando era diretor de marketing na Cimed, eu viajava muito com o presidente da empresa, o João Adibe, que acabou se tornando um grande amigo (falarei dele mais adiante neste capítulo). Ele é exatamente o contrário da Anna. Várias vezes, me peguei conversando com ele sobre algumas ideias e ele prestava atenção apenas por um curto espaço de tempo. Logo depois ele parecia estar completamente em outro mundo. "João, você ouviu o que eu disse?". E ele: "Hã? O quê?". Agora, se eu apresentasse o projeto no papel, com números e resultados, tudo bem claro, ou ele comprava a ideia na hora ou rapidamente a descartava. Ele é um cara extremamente visual.

Por que estou dizendo tudo isso neste capítulo sobre planejamento? Porque, com base em tudo que aprendi com o Lair Ribeiro, seja em seus cursos ou lendo seus livros, comecei a entender melhor como as pessoas funcionam. E esse conhecimento me ajuda muito na gestão de meus atletas e no planejamento diário da comissão técnica. É muito importante identificar qual é a característica mais acentuada de cada um, já que uma das principais missões de um líder é extrair o melhor de cada membro da equipe. Posso garantir a você que essa estratégia ajuda muito.

Descubra qual a característica predominante de cada membro de sua equipe – se visual, sinestésico ou auditivo. Garanto que sua comunicação com todos será muito mais efetiva.

Disciplina tática italiana

Quando fui jogar na Itália, em 1988, aprendi na marra, sem nenhum planejamento, qual era a escola de vôlei utilizada por eles. Eles são muito disciplinados taticamente. A disciplina, aliás, era uma característica forte do meu time, o Maxicono Parma, que tinha vários jogadores da seleção italiana. Eu me lembro que, durante uma partida, resolvi mudar uma jogada combinada para tentar surpreender o adversário, mas acabei surpreendendo o levantador do meu próprio time, o Dusty Dvorak, jogador da seleção americana e uma das estrelas do vôlei mundial. Ele virou para mim e disse algo assim: "Ou você faz o que combinamos no treino ou saia do time".

Aquela bronca serviu como um cartão de visitas para mim. O ideal era que eu tivesse planejado melhor minha adaptação; se tivesse entendido como funcionavam as coisas por lá, certamente não tomaria essa bronca. Mas, ao mesmo tempo, estava assimilando muitos ensinamentos do Lair Ribeiro, lendo vários de seus livros.

Eu tinha uma certa deficiência no bloqueio. Era, em média, mais baixo do que a maioria dos jogadores do campeonato italiano e precisava melhorar tecnicamente aquele fundamento. Num dos cursos do Lair, aprendi que é possível, sim, canalizar a energia para determinada região do corpo – e isso serve também para os fundamentos do vôlei. Na verdade, serve para tudo.

Com isso em mente, treinei muito e comecei a visualizar na minha cabeça a possibilidade de fazer pontos de bloqueio. Resultado: na final do campeonato, consegui fechar o jogo com um ponto de bloqueio, exatamente como tinha visualizado. Foi incrível!

A transição

Vivi uma grande fase profissional na Itália. Joguei ao lado de craques de várias posições, aprendi a cultura local, assimilei a disciplina tática italiana e consegui exercer as virtudes da escola

Jamais vá para uma batalha sem ter um plano de ação.

brasileira. Durante os cinco anos em que atuei por lá, de 1988 a 1993, jogando pelo Maxicono Parma e, depois, pelo Messaggero Ravenna, vencemos quase tudo: o campeonato italiano, o europeu e o mundial de clubes. Fui eleito o melhor jogador do campeonato italiano, o melhor jogador da Supercopa e agraciado com o Oscar do vôlei.

Sabia, porém, que em algum momento eu teria que parar. Tive a oportunidade de jogar mais um pouco, mas eu mesmo resolvi dar o ponto final. Com 33 anos, deixei a Itália para me tornar treinador no Brasil.

Alguns fatores pessoais pesaram na escolha. A Anna estava grávida do Gianluca (e a gente queria que ele nascesse no Brasil) e meu pai estava com um câncer no intestino – eu precisava ficar perto dele. Também era a oportunidade de trabalhar em um grande projeto: o Palmeiras/Parmalat, capitaneado por meu amigo Brunoro.

Eu nunca tinha sido treinador e pegaria logo uma equipe forte, vinculada a um grande clube de futebol. As responsabilidades seriam enormes, as cobranças também. Era mais um gesto ousado na minha carreira.

Durante esse período, aprendi muito e diversas vezes sofri com a falta de experiência e maturidade. Foram seis anos como treinador: com o Palmeiras/Parmalat, conquistei o vice-campeonato da Superliga Masculina (a principal divisão do Campeonato Brasileiro de Voleibol) e o vice-campeonato paulista. Depois fui treinar a equipe catarinense do Frigorífico Chapecó, com a qual conquistei títulos locais e o Sul-Americano de clubes. Quando fui treinar o Olympikus, no Rio de Janeiro, conquistamos o campeonato carioca e o vice-campeonato da Superliga.

Sob o olhar de hoje, percebo que, nessa primeira fase como treinador, apesar de ter obtido alguns bons resultados, eu poderia ter chegado ainda mais longe se tivesse tido mais planejamento, mais gestão. E o curioso de todo esse processo é que fui aprender muito sobre gestão em outra oportunidade, levado para mais um desafio profissional na minha carreira, sem saber muito no que ia dar. Mas, de novo, entrei de cabeça, com uma vontade maluca de aprender.

Unisul Vôlei

Em 1999, recém-chegado a Florianópolis (para onde nos mudamos por recomendação médica, após a cura do Gianluca), sem emprego, sem nada, fui convidado para um almoço com o vice-reitor da Unisul (Universidade do Sul de Santa Catarina), Gerson Joner da Silveira. A universidade queria abrir um *campus* em Palhoça, cidade vizinha a Florianópolis, e o Gerson foi bem direto: "Renan, o que você acha de desenvolver um projeto de esportes dentro da universidade?". Era um desafio, mas topei logo de cara.

Assim que comecei a elaborar um plano de gestão para a Unisul, recebi outra ligação: era o gerente de esportes da Olympikus, dizendo que a marca tinha tirado o patrocínio do time de vôlei, que não teria mais esse nome, mas que seria um pecado desmontar uma equipe de alto nível como aquela. Ele perguntou, então, se eu não aceitava herdar aquele timaço, com os salários ainda pagos pela Olympikus (pelo menos até o fim do contrato), levando-o para o projeto da Unisul.

A Unisul adorou a ideia, assim como a prefeitura e o governo do Estado, que cedeu o ginásio. Como tudo aconteceu muito rápido, eu me vi diante de um grande desafio: fazer a gestão de um time de vôlei sem ter a mínima experiência para o cargo. Era preciso cuidar de uma série de detalhes administrativos, desde o registro do time até a quantidade de camisetas e de meias a ser comprada etc.

Trabalhei como um maluco. Pedi muita ajuda, conversei com pessoas que já tinham experiência nessa área, perguntei se

Um modelo que deu certo hoje não necessariamente dará certo amanhã.

poderiam me mandar modelos de gestão. E fui fazendo a coisa andar. Posso dizer que essa experiência foi quase como um MBA de gestão para mim. E deu tudo muito certo. Em 2000, a Unisul foi vice-campeã da Superliga Masculina. O problema é que o contrato daqueles jogadores com o projeto iniciado na Olympikus acabou, e a equipe precisou ser desfeita.

Mas não era o fim do projeto. Com o vice-campeonato, a Unisul ganhou projeção nacional, e o número de alunos inscritos na instituição até aumentou. Por tudo isso, a reitoria decidiu dar continuidade ao projeto de marketing esportivo e formou sua própria equipe, dessa vez com os salários pagos pela universidade.

Foram seis anos espetaculares na Unisul, de muito aprendizado e conquistas. Viramos uma equipe bastante competitiva e fomos campeões da Superliga em 2003. Mas não me acomodei. Eu queria aprofundar meu conhecimento, saber mais a fundo como funcionavam os projetos esportivos das universidades. E entrei de cabeça nisso. Queria desenvolver meu próprio projeto em gestão esportiva e precisava de referências, ver o que havia dado certo ou errado nas universidades. Era um gesto de ousadia, mais um na minha carreira, principalmente vindo de um cara que tinha entrado meio de surpresa nessa área da gestão esportiva.

Visitando projetos em Santa Catarina, em São Paulo e em várias outras cidades, comecei a perceber que em muitos casos havia um descontentamento por parte dos alunos em relação aos investimentos que as universidades faziam em seus respectivos projetos esportivos. Um exemplo prático: existiam atletas de alto nível que ganhavam quatro ou cinco vezes mais do que um professor com doutorado ou mestrado. E tudo isso, claro, criava uma série de problemas na universidade. O que concluí é que a gestão do clube tinha que ser totalmente independente da gestão da universidade. Com base nesse conceito, criei a Unisul Esporte Clube, uma entidade jurídica sem nenhuma ligação com o *campus*.

Esse projeto me trouxe mais liberdade e confiança para trabalhar dentro da Unisul. Ao mesmo tempo, tive que achar modelos de negócios que, na prática, não tirassem investimentos da universidade. O principal investimento de uma instituição de ensino não deve ser o esporte – a prioridade tem que ser sempre educação, pesquisa e extensão etc. Portanto, eu precisava achar um modelo de marketing esportivo que onerasse o mínimo possível a instituição. Esse era meu desafio.

Modelo inovador

Pensando nos modelos que tinham dado certo, me lembrei na hora de um plano de marketing instituído pelo Carlos Arthur Nuzman em 1992. Naquela época, o Brasil do Maurício, do Paulão, do Marcelo Negrão, do Giovane, do Tande, do Carlão tinha acabado de se sagrar campeão olímpico em Barcelona e, em consequência disso, quase todas as nossas estrelas foram jogar no exterior, levando a Superliga a perder muito da sua força. O Nuzman, então, bolou um plano muito inteligente para repatriar essas estrelas. Até então, o modelo de negócios na área esportiva seguia o padrão de sempre, envolvendo as duas partes interessadas: o patrocinador e o clube. O representante do clube chegava na empresa e dizia: "Você quer patrocinar o time em troca de visibilidade nas camisas e nas placas de quadra?". Nuzman criou um terceiro agente envolvido: o investidor/parceiro.

Como funcionava na prática esse modelo? Por exemplo, o Nuzman chegou para o Brunoro, gerente do time de vôlei do Palmeiras/Parmalat, e perguntou: "Você quer o Giovane?". O Brunoro disse: "Claro, qualquer um gostaria de ter um jogador desse nível no time. Mas quanto custa?". "Nada", respondeu o Nuzman. Basta que a Parmalat envolva nas suas operações financeiras o Banco do Brasil, o patrocinador do time.

Enfim, o negócio ia além da visibilidade da marca, com uma contrapartida muito maior. O clube passava a ter um jogador de alto nível sem precisar bancar seu salário e, em troca, passava a ser cliente de determinado banco em várias de suas operações financeiras. Não sabia exatamente quais eram os percentuais usados pelo Nuzman nas negociações que ele abriu com vários clubes na época, trazendo de volta grandes ídolos do vôlei, mas o conceito eu já conhecia.

Resolvi aplicá-lo na Unisul. E a universidade tinha um amplo espaço para usar esse modelo de negócios, pois lidava com centenas de fornecedores. Como em muitos casos não havia contrato de exclusividade, passamos a dar preferência para fornecedores que, além de prestarem um bom serviço, podiam oferecer uma contrapartida maior, investindo numa modalidade esportiva e ainda por cima aumentando sua relação de negócios com a universidade. Todo mundo ganhava.

Conseguimos resultados fantásticos, melhorando, inclusive, a infraestrutura esportiva da universidade. E as marcas também ficaram muito satisfeitas, porque estavam vinculando sua imagem a um projeto vencedor, além de ajudar a criar uma cultura de voleibol em Santa Catarina, que até então não existia e atualmente é muito forte. E não ficamos só no vôlei: montamos equipes de natação, futsal, caratê, judô, jiu-jítsu... Viramos referência nacional em gestão esportiva. Só foi preciso um pouco de planejamento e um time de profissionais comprometidos. Nessa época, meu grande parceiro foi Chico Lins, amigo de longa data e que fez parte de vários outros projetos.

Cimed

O projeto da Unisul me colocou em contato com um cara que se tornaria um grande amigo e parceiro: João Adibe, dono da Cimed, uma empresa do ramo farmacêutico. Ele tinha se mudado de São Paulo para Florianópolis e nos encontramos pela primeira vez numa agência de publicidade que prestava serviços para a universidade e para ele. Também descobrimos que meu filho caçula e o dele faziam taekwondo juntos.

Ficamos amigos rapidamente. Ele é um cara apaixonado por esportes, e tinha inclusive sido piloto de Stock Car. Conversamos sobre minha história dentro da Unisul e sobre a possibilidade de a Cimed fazer parte do projeto. No começo, ele estranhou, dizendo que via pouca ligação de seu negócio, centrado no ramo farmacêutico, com uma universidade.

Eu expliquei que as possibilidades de negócio eram grandes porque a universidade tinha departamentos de Educação Física, Fisioterapia, Naturologia etc., e que era possível, sim, trabalhar a marca dele e desenvolver negócios dentro da instituição. Dei detalhes de como funcionava nosso marketing esportivo, e ele adorou. Disse: "Estou dentro".

A Cimed passou a ser a copatrocinadora do vôlei da Unisul em 2004, que, por coincidência, foi meu último ano na Unisul. Minha saída se deu sobretudo por causa de uma mudança no modelo administrativo da universidade, que passou a contratar profissionais de fora para gerir uma série de iniciativas, inclusive o projeto esportivo.

Cheguei a receber um comunicado, vindo de um diretor de marketing, contratado de uma consultoria, dizendo que a partir daquele momento o critério para a contratação dos jogadores de vôlei obedeceria a um ranking dos melhores jogadores em cada posição, publicado na internet. Tudo aquilo não fazia o menor sentido.

Primeiro, não poderia haveria aquele nível de ingerência na contratação dos jogadores; eu mesmo, como gestor, nunca tinha pressionado ninguém a chamar determinado jogador. Era uma decisão exclusiva do departamento técnico. Segundo, no vôlei e na maioria dos esportes coletivos as coisas não funcionam dessa maneira. Ah, vou chamar o melhor levantador do ranking, o melhor atacante, o melhor passador, e pronto: o time está montado. Não é assim. É preciso levar em conta uma série de fatores técnicos e táticos para saber se os jogadores vão se entrosar, quais são as carências do grupo, qual fundamento precisa ser fortalecido etc.

Quando percebi que não existia nenhuma possibilidade de diálogo e que essas pessoas não tinham a menor ideia do que era gerir um time de vôlei, decidi deixar a universidade. Então, fui falar com o João Adibe. Ele também estava interessado em fazer um voo solo, montar a própria equipe da Cimed, mas deixou claro que não tinha como colocar mais dinheiro.

Propus um modelo que o deixou muito interessado. A Cimed não se limitaria apenas a estampar seu nome no uniforme do time de voleibol. O vôlei estaria dentro das suas farmácias, ajudando nas ações de marketing. Tudo aquilo poderia virar um enorme case. E, naquele momento, ele investiria muito pouco, pois eu montaria um time só de garotos, que cresceria junto com a gente. Eu também seria o treinador do time a fim de otimizar os recursos, já que vinha de uma experiência de seis anos como técnico. Um desses garotos, aliás, era o Bruninho, filho do Bernardinho, começando a carreira, ainda com cara de menino.

Fomos jogar a Superliga B, a segunda divisão do campeonato brasileiro. Como era um time novo, recém-montado, não tínhamos direito a uma vaga na Superliga. E aconteceu algo histórico: fomos campeões da Superliga B em 2005, subimos para a elite do vôlei e, nessa primeira temporada, já fomos campeões da Superliga 2005/2006. Foi a primeira vez na história do vôlei que isso aconteceu. Na temporada seguinte, chegamos novamente à final e ficamos com o vice-campeonato. Depois de conquistar esse feito, fui chamado para ser técnico do melhor time do mundo: o Sisley Treviso, da Itália. Falarei sobre essa grande experiência mais adiante.

Em time que ganha se mexe, sim! Revisite seu plano de ação o tempo todo.

Voltei para a Cimed em 2008, dessa vez para ser diretor de marketing da indústria de medicamentos – ou seja, novamente um grande desafio, pois era um cargo sem relação direta com o esporte. Conseguimos resultados fantásticos, fortalecendo a marca e gerando novos negócios. Por exemplo, ao trazer o Walmart para dentro do uniforme do time de vôlei, a Cimed conseguiu entrar na rede de farmácias dessa gigante americana.

Outro case bem-sucedido foi a parceria entre o time de vôlei e a equipe de futsal da Malwee. Os dois times, em suas respectivas modalidades, vinham de uma trajetória fantástica. Ambos eram tetracampeões e ambos tinham dois grandes ídolos: Falcão, o melhor jogador do mundo no futsal, e Bruninho, já considerado um dos melhores levantadores do país. E, além de tudo, eram dois times de Santa Catarina.

Essa parceria nasceu de uma preocupação do João Adibe em dar visibilidade para sua marca não só durante o calendário do vôlei, mas durante todo o ano. É que a Superliga durava seis meses e, quando acabava, a visibilidade da marca perdia muita força. Como os calendários do vôlei e do futsal eram diferentes – na verdade, exatamente contrários, pois, quando um começava, o outro acabava –, eu tive uma ideia: por que não dar o nome Cimed-Malwee para o time de vôlei e Malwee-Cimed para o time de futsal?

Deu muito certo. O Bruninho e o Falcão vestiram a camisa da parceria e cederam seus direitos de imagem para o projeto. Conseguimos uma mídia fantástica. Realizamos ações com balconistas de lojas, fizemos tardes de autógrafos, tiramos fotos com os dois ídolos. Tudo isso a custo zero. Foi uma grande ação de marketing, e sinto muito orgulho de tê-la idealizado e realizado.

A equipe de vôlei também foi bastante beneficiada por essa parceria com a Cimed. Chegamos a cinco finais em sete anos. A cidade passou a respirar vôlei. A empresa também. Foi um case tão bem-sucedido que a Cimed decidiu ampliar seus investimentos no marketing esportivo.

Sisley Treviso

Em 2007 voltei à Itália, dessa vez para encarar o desafio de ser técnico em outro país. Fui treinar o Sisley Treviso, que tinha acabado de se sagrar campeão italiano. Só tinha fera ali: Samuele Papi, um dos fenômenos da seleção italiana (e que descobri que jogava com a camisa 6 por ser meu fã), Alberto Cisola, Alessandro Fei, Alessandro Farina, todos da seleção italiana; além de Gustavo Endres, brasileiro, outro grande jogador.

No meu primeiro ano, vencemos a Supercopa, mas ficamos em terceiro no campeonato italiano. Pedi algumas mudanças no time para a temporada seguinte, pois queria muito levar para lá o Bruninho, que estava na Cimed. Mas minha solicitação não foi atendida. Foi aí que percebi que tinha cometido um erro grave de planejamento.

Eu estava sozinho, não tinha mais ninguém da minha confiança na comissão técnica, nem um auxiliar técnico, nem um preparador físico. Só eu. Havia sido uma reivindicação minha na hora de assinar o contrato, mas eles bateram o pé, argumentando que aquele era um time campeão, já pronto, que bastava treiná-lo. Acabei cedendo porque havia a chance de um projeto maior: dirigir a seleção italiana.

Quem havia costurado minha ida para a Itália como treinador fora o Carlo Magri, presidente da federação italiana, e que, na época em que joguei no Parma, era o presidente do clube. Na reunião para assinar o contrato com o Treviso – sempre com a presença da Anna, claro, que lia todos os meus contratos, por ter domínio da língua italiana –, o Magri estava presente, assim como o presidente do Sisley Treviso, Gilberto Benetton, o fundador da Benetton.

Diante de um problema, saia de perto dele e tente olhá-lo de fora.

O acordo entre nós ali era mais ou menos o seguinte: eu dirigiria o Treviso por alguns anos e depois assumiria a seleção italiana. Talvez por conta dessa expectativa eu tenha cedido na hora de assinar o contrato e desistido de levar minha comissão técnica. Foi meu grande erro.

Tirei uma forte lição desse episódio. A prioridade número um de um treinador é escolher uma equipe de profissionais de sua confiança. E essa sempre foi a característica dos grandes treinadores brasileiros. Bernardinho e Zé Roberto, por exemplo, sempre montaram equipes de trabalho excepcionais, e nunca abriram mão disso.

> Kleevans Albuquerque, massoterapeuta, trabalha com Renan há mais de vinte anos e o acompanhou em diversas equipes, inclusive na seleção brasileira. Ele fala como é o processo de planejamento do Renan treinador:
>
> "Já trabalhei com vários treinadores de ponta, mas posso garantir que ninguém é mais 'chato' – no bom sentido da palavra – do que o Renan. Ele é o tipo de profissional que chega uma hora antes de todo mundo e quer saber de todos os detalhes, não deixa escapar nada. Planeja tudo de forma muito minuciosa. E os jogadores já sabem que ele é assim. Entram na quadra já sabendo o que vão fazer, quem vai jogar, todas as variações de jogadas. Quando ele percebe que um jogador não está na mesma sintonia do time, ele nunca deixa passar e *não descansa até corrigi-lo*.
>
> Eu me lembro de um episódio em Buenos Aires, durante um torneio Sul-Americano. Ao perceber que um ponteiro não estava entendendo muito bem o posicionamento dentro de quadra, ele levou todos os jogadores para uma praça da cidade e fez cada um se posicionar da maneira como haviam treinado – eu, inclusive, fui fazer, a pedido do Renan, o papel do ponta que estava tendo dificuldade de se posicionar. O cara nunca mais errou. Esse é o Renan."

Um estranho no ninho – do futebol

Em 2010, recebi um telefonema do Nestor Lodetti, presidente do Figueirense, um dos times de futebol mais tradicionais de Santa Catarina: "Renan, o que você acha de ser nosso diretor de marketing? Precisamos muito de você aqui". Seria a primeira vez que eu trabalharia diretamente com o futebol. Topei o convite, sabendo que teria vários desafios pela frente num esporte totalmente diferente do vôlei.

O Figueirense vivia um momento de transição, de turbulência, vindo de uma eleição, com uma nova diretoria de futebol. O time jogava a série B, a segunda divisão do Brasileirão, e tinha como objetivo subir para a série A.

Foram dois anos de muito trabalho e de grande aprendizado. Consegui contribuir para o crescimento das receitas do clube por meio de campanhas de marketing que resultaram, por exemplo, num expressivo aumento no número de associados.

Esse trabalho se refletiu no campo: fomos vice-campeões da série B, conseguindo, consequentemente, o acesso para a elite do futebol brasileiro. Na série A, também fizemos boa campanha, terminando em sétimo lugar, quase conquistando uma vaga na Libertadores da América.

Fizemos campanhas de marketing muito legais, que entraram para a história do clube. Por exemplo, contratamos como garoto-propaganda o humorista – e torcedor do time – Marcos Piangers, do programa de rádio *Pretinho Básico*, que fazia enorme sucesso na época naquela região. Hoje, o Marcos é um palestrante excepcional, além de escritor de sucesso. Criamos o mascote oficial do clube, um plano de vendas de licenciamento que até então não existia e um e-commerce. Batemos o recorde no número de sócios-torcedores: chegamos a ter 14 mil sócios adimplentes.

Com base no grande aprendizado que tive durante o tratamento de meu filho Gianluca, desenvolvi planilhas com metas e minimetas claras e factíveis a serem alcançadas pelo time de futebol, que afixei no mural do vestiário. Eu sabia, pela minha experiência no vôlei, que os atletas costumam ser muito visuais e utilizava isso como fator motivacional. Ao final de cada partida, os jogadores olhavam a planilha e diziam: "Cara, está vendo aqui, no gráfico? Precisamos chegar a 45 pontos, perdemos dois hoje!".

Quando o time fez uma boa campanha no Campeonato Brasileiro e o clube melhorou sua infraestrutura – fazendo investimentos nos centros de treinamento, na fisioterapia, nos restaurantes etc. –, fui, como diretor de marketing, negociar os direitos de transmissão com a TV Globo, que detinha os contratos na época. Afinal, na nossa visão, o Figueirense poderia receber mais recursos por esses direitos.

Nosso departamento de marketing criou um modelo parecido com o de avaliação das escolas de samba no Carnaval, com um sistema de pontuação para cada pré-requisito, a fim de mostrar aos executivos da Globo que os direitos de transmissão deveriam seguir aquele padrão meritocrático, ou seja, deveriam levar em consideração a situação de cada clube como um todo, observar o nível do centro de treinamento, da sala de musculação, o programa de sócios-torcedores, o número de produtos licenciados, a posição no ranking da CBF etc. A proposta desse modelo era valorizar os clubes de menor porte, que trabalham de maneira organizada, crescente, e ainda conseguem bons resultados técnicos. Era um modelo que serviria para todo mundo e que, de certo modo, era o mais justo – e o Figueirense tinha evoluído em vários desses pré-requisitos. Mas, infelizmente, não foi aprovado.

Trabalhar em outra cultura esportiva foi uma experiência incrível, que me ensinou muito. Tenho muito carinho por essa história vivenciada no "Figueira".

Par Mais

Quando comecei a ganhar um dinheiro no vôlei – e não era muito – no começo dos anos 1980, durante o processo de popularização do esporte, meu pai sempre me ajudou a ter foco, e eu investia em pequenos imóveis. Nunca fui um gastão e tinha muita preocupação, porque vi vários amigos meus do vôlei perdendo tudo por falta de planejamento. Esse medo aumentou quando me casei com a Anna e fomos morar na Itália. Ela era muito nova, apesar de ser muito centrada e já ter sua carreira de modelo, trabalho que continuou exercendo quando nos mudamos para lá. Meu desejo era que ela continuasse sendo independente, ganhando o dinheiro dela.

Como nós dois éramos muito disciplinados com essa questão de grana, resolvemos fazer um planejamento, desenvolver uma planilha. Eu recebia premiação em dinheiro por vitórias e conquistas no Parma, além de algumas regalias do clube como moradia, carro etc., então não tínhamos muitos gastos. Começamos a fazer investimentos e a descobrir que o dinheiro, se bem aplicado, pode trabalhar pra gente.

A Anna começou a cursar Direito lá na Itália e, quando resolvemos voltar ao Brasil, por causa de sua gravidez e da doença de meu pai, ela acabou transferindo o curso para o Brasil, mas em outra área: administração. Depois fez um MBA em mercado de capitais, se capacitou bastante e, por conta disso, passou a prestar serviços de educação financeira para amigos nossos.

Havia uma demanda enorme no Brasil por esse tipo de ensinamento – e é assim até hoje –, porque na escola ninguém ensina a gente a se planejar financeiramente, a investir no lugar certo, de acordo com sua necessidade. E Anna fez tão bem tudo isso, com tamanha competência, que os clientes foram aumentando. Chegamos à conclusão de que era a hora de montar uma empresa especializada nesse tipo de serviço.

Em 2011, fundamos a Par Mais Investimentos, e a demanda continuou a crescer. Passamos a fazer a gestão de famílias e de empresas, e até ex-atletas nos procuraram. É incrível perceber como a maioria das pessoas não se planeja nos negócios e na vida pessoal, e isso faz toda a diferença lá na frente.

Muitos atletas de alto rendimento passam por esse problema. Começam a carreira ainda muito jovens, ganhando, por exemplo, 2 mil reais; depois passam para um grande clube no Brasil e começam a ganhar 20 mil reais. Fazem sucesso, jogam na seleção, são contratados por um clube no exterior e passam a ganhar o dobro ou até o triplo. Mas chega um momento em que a pessoa para de jogar, normalmente por volta dos 36 anos, 38 anos no máximo, e aí passa a não ganhar mais nada. E cadê o "colchão" para fazer essa transição? Muita gente se deu mal por não fazer esse tipo de planejamento. A história nos mostra que infelizmente muitos atletas que jogaram no mais alto nível hoje passam por dificuldades. Mas, se gastarem com consciência, aplicarem bem o dinheiro e se planejarem financeiramente, podem fazer um pós-carreira incrível!

Na Par Mais, fazemos algo muito legal, que é mostrar a esse ex-atleta, ou a esse ex-profissional de determinada área, que é possível se reinventar na carreira aproveitando o conhecimento acumulado ao longo do tempo. Um ex-jogador de vôlei, por exemplo, pode exercer várias atividades ligadas ao esporte: pode ser técnico, gestor de um time, trabalhar com marketing esportivo ou direito esportivo, pode ser agente de atletas, palestrante, trabalhar numa confederação... O leque é enorme! Essas opções geralmente são mais assertivas do que se arriscar em uma atividade sobre a qual não se tem conhecimento nem a experiência necessária. Hoje atendemos pessoas com as mais diversas profissões e nas mais variadas situações. É uma empresa que me dá muito orgulho, porque ajuda as pessoas a alcançarem seus objetivos financeiros e serem mais seguras e tranquilas, porque um bom planejamento financeiro melhora muito a qualidade de vida.

Confederação Brasileira de Voleibol (CBV)

Após a experiência como diretor de marketing do Figueirense e de outros trabalhos na área de gestão, fui convidado para assumir, em janeiro de 2014, o cargo de diretor de marketing da Confederação Brasileira de Voleibol. Foi um ano bastante difícil. Tivemos que trabalhar como um verdadeiro time dentro da CBV, porque, naquele momento, nossa maior missão era fazer com que a relação com nosso principal patrocinador se mantivesse saudável e com perspectivas de renovação. Depois de cumprir a missão, já me preparando para voltar para casa, recebi mais um convite da direção da CBV, dessa vez para ser o diretor técnico da entidade até o fim dos Jogos Olímpicos do Rio, em 2016.

Com esse trabalho, eu me sentia em casa. Trabalhava dando suporte à área de gestão, sem nenhuma ingerência na questão técnica, com dois velhos amigos: Bernardinho, técnico da seleção masculina (com quem eu inclusive já tinha trabalhado em 2001, como coordenador técnico da seleção masculina), e José Roberto Guimarães, que comandava a seleção feminina. Na prática, eu fazia a interlocução deles com o comando da entidade, e coube a mim iniciar as conversas, após os Jogos Olímpicos, para que os dois continuassem à frente das respectivas seleções.

Com o Zé Roberto o papo foi rápido. Conversamos e assinamos a renovação. Com o Bernardinho, não. Nas reuniões, ele começava a dar os primeiros sinais de que estava na dúvida se continuava como técnico ou não. Ele sempre dizia: "Me dá alguns dias, me dá alguns dias". E nada.

Comuniquei ao então presidente da CBV, Walter Pitombo Laranjeiras, o "Toroca", a indecisão do Bernardinho, e pela primeira vez ele mencionou a possibilidade de me indicar como substituto. Levei um susto. Disse que não passava pelo meu radar assumir a seleção naquele momento e que minha intenção era voltar para Florianópolis.

Pouco tempo depois, encontrei com Radamés Lattari, CEO da CBV e ex-técnico da seleção. Ele me contou que havia sido a primeira opção do Toroca para substituir o Bernardinho, caso ele confirmasse sua saída, e que tinha rejeitado prontamente o convite, dizendo que não tinha mais saúde para exercer esse cargo, que já tinha sido técnico etc. Depois de me dizer isso, falou: "Eles agora querem que você assuma, Renan".

Disse ao Radamés o mesmo que havia dito para o Toroca: "Nem pensar, tô fora! Quero continuar meu trabalho na Par Mais, ficar perto da minha família". Nesse meio-tempo, Bernardinho decidiu, oficialmente, deixar o comando da seleção. Durante uma reunião comigo, ele indicou seu auxiliar técnico, o Rubinho, como seu substituto. Eu disse: "OK, ótimo nome! Vou passar sua indicação para o presidente".

No dia 22 de dezembro de 2016, fizemos uma reunião com a presença de toda a direção da CBV, incluindo o Toroca, o Baka (CEO na época) e o Radamés (diretor de competições). O Bernardinho comunicou oficialmente sua decisão de sair e indicou o Rubinho como seu sucessor. Eu disse que concordava com a indicação, e nesse momento o Toroca tomou a palavra e disse: "Seria maravilhoso que o Rubinho continuasse como assistente técnico, dentro do nosso projeto, mas eu gostaria que o Renan assumisse o cargo de técnico da seleção".

Eu disse, de novo, que agradecia o convite, que me sentia honrado com a lembrança, mas que naquele momento não estava no meu radar assumir a seleção brasileira. O Toroca falou que tudo bem, que eu voltasse para casa, e que ele tomaria a decisão de quem seria o novo técnico da seleção só no dia 10 de janeiro.

Cinco dias antes dessa data, ele me ligou: "Renan, vamos ter um almoço de trabalho aqui em Maceió e gostaria muito que você viesse". Eu fui. Lá estavam também o Baka, o Radamés e o Zé Roberto, que começou a falar de seus objetivos para o novo ciclo

Quando você está à frente de grandes projetos, tem que tomar decisões importantes que nem sempre são convenientes, mas sim necessárias.

olímpico, entre outros assuntos. Quando o Zé parou de falar, o Toroca, de novo, tocou no assunto sobre quem seria o novo técnico da seleção masculina, afirmando que não tinha nenhum nome em mente, que estava até pensando em convidar algum treinador de fora. E todos olhando para mim.

Percebi que eles tinham armado tudo aquilo, dei risada e repeti que não podia aceitar, que aquilo não estava nos meus planos. Então o Zé Roberto virou para mim, bem sério, e disse: "Renan, há quanto tempo você está no vôlei?". E eu: "Ah, uns 46 ou 47 anos, sei lá". E ele: "O que o vôlei deu para você?". "Tudo, absolutamente tudo", respondi. Aí ele disse uma frase que me balançou: "Então, está na hora de você retribuir. O vôlei está precisando de você".

Isso me pegou de jeito. Eu disse ao presidente que precisava ter duas conversas primeiro e que, depois disso, daria uma resposta definitiva. Saí dali e liguei para a Anna, contando o que havia acontecido e que pela primeira vez estava balançado. E ela, firme, daquele jeito dela: "Se agora você está de fato na dúvida é porque você quer. Aceite".

Depois liguei para o Bernardinho. Ele perguntou se realmente, pela primeira vez, eu estava considerando a ideia de aceitar o convite. Eu falei que sim e que estava indo naquele exato momento para o Rio, para jantar com ele. Precisava ter essa conversa pessoalmente com meu amigo, olho no olho, saber o que ele achava e ter a certeza de que podia contar com ele. Conversamos e ele disse: "Renan, tô contigo. Vai lá e aceita".

Quando comuniquei à CBV que aceitaria o convite e dei minha primeira coletiva de imprensa sobre o assunto, já oficializado no cargo, a primeira pergunta que eu ouvi – e pela qual já esperava – foi: "Já faz oito anos desde a última vez que você dirigiu um time de vôlei. Está mesmo apto para comandar a seleção brasileira e substituir o técnico mais vitorioso de todos os tempos?".

Eu me lembro como se fosse hoje da resposta que dei. Em poucas palavras, sintetizei tudo que você, leitor, leu até aqui. Falei das minhas primeiras experiências no vôlei, da dificuldade de viver de um esporte que não tinha nenhuma popularidade, da construção de uma escola de vôlei temida e respeitada, dos meus altos e baixos como técnico e como jogador, das minhas conquistas e perdas, dos meus dramas pessoais e, por fim, das minhas reinvenções profissionais, da experiência como gestor e diretor de marketing, de quanto esse aprendizado se somou ao aprendizado técnico e me tornou um profissional melhor.

Sim, eu estava pronto para mais um grande desafio, tendo a exata consciência de que iria acertar, mas também errar muito. No entanto, nunca deixaria de fazer de toda essa experiência um aprendizado, uma chance de corrigir as falhas e seguir em frente, sempre na busca de fazer o melhor. E este livro é um pouco sobre tudo isso.

APRENDIZADOS

Então, qual é o seu propósito? Aonde você quer chegar? Como fará isso e quando? Com essas respostas definidas, construa seu planejamento. Lembre-se de que o planejamento não deve ser engessado. O mundo é muito dinâmico, e suas ações devem ser ajustadas de acordo com as situações enfrentadas, mas sem jamais perder o foco.

Sempre compartilhe com seu time todas as etapas do processo. A comunicação clara e direta é muito importante para o sucesso. É fundamental que a equipe compre a ideia e que, juntos, vocês desenvolvam um ideal único. Uma corrente é tão forte quanto seu elo mais fraco. Tenha cúmplices em sua caminhada.

Mensagem final

Se você chegou até aqui, é porque acompanhou todos os seis princípios que marcaram minha vida e minha carreira. Espero que os capítulos deste livro o ajudem a traçar caminhos mais assertivos em sua trajetória pessoal e profissional, não importa em qual área você atue. Não sou o dono da verdade, é claro, e não tenho uma fórmula pronta para o sucesso, mas espero ter conseguido pelo menos te inspirar de alguma forma. Porque, na verdade, quem vai construir sua trajetória é você! Nossa vida nada mais é do que uma história narrada por nós mesmos com base em nossas próprias tomadas de decisão. Não podemos deixar que ninguém a escreva por nós.

Portanto, assuma sua missão da melhor maneira possível, para que lá na frente você tenha a certeza de que fez sempre o seu melhor e de que tudo valeu muito a pena.

É isso. Mão na massa! Escolha a caneta mais bonita e continue escrevendo sua história.

Linha do tempo

1960 — Nasce em São Leopoldo (RS), em 19 de julho.

1971 — Começa a jogar vôlei no Colégio Inácio Montanha, em Porto Alegre.

1972 — Ingressa na Sociedade de Ginástica Porto Alegre (Sogipa), tradicional clube esportivo da cidade.

1974 — Aos 14 anos, a primeira convocação: seleção gaúcha.

1976 — É convocado para a Seleção Brasileira Juvenil aos 16 anos.

1977 — Disputa a primeira competição com a seleção adulta: a Copa do Mundo do Japão, terminando em quinto lugar.
Sobe ao pódio (terceiro lugar) no Campeonato Mundial Juvenil, realizado no Rio de Janeiro.

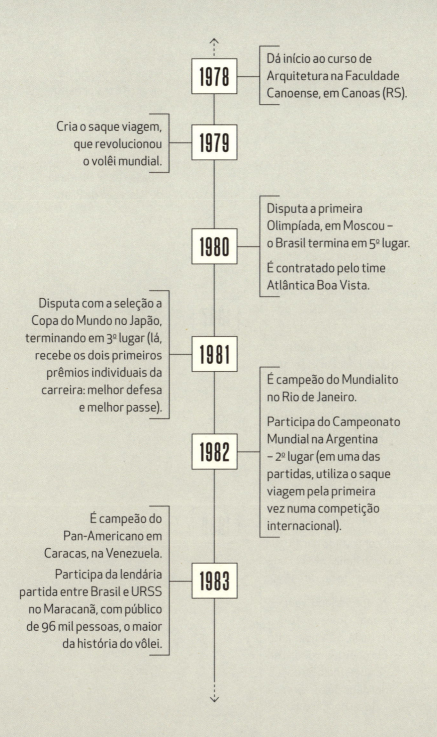

1978 — Dá início ao curso de Arquitetura na Faculdade Canoense, em Canoas (RS).

1979 — Cria o saque viagem, que revolucionou o volêi mundial.

1980 — Disputa a primeira Olimpíada, em Moscou – o Brasil termina em 5º lugar.

É contratado pelo time Atlântica Boa Vista.

1981 — Disputa com a seleção a Copa do Mundo no Japão, terminando em 3º lugar (lá, recebe os dois primeiros prêmios individuais da carreira: melhor defesa e melhor passe).

1982 — É campeão do Mundialito no Rio de Janeiro.

Participa do Campeonato Mundial na Argentina – 2º lugar (em uma das partidas, utiliza o saque viagem pela primeira vez numa competição internacional).

1983 — É campeão do Pan-Americano em Caracas, na Venezuela.

Participa da lendária partida entre Brasil e URSS no Maracanã, com público de 96 mil pessoas, o maior da história do vôlei.

1984 — A seleção masculina alcança o maior êxito do vôlei brasileiro até então: termina em segundo lugar nos Jogos Olímpicos de Los Angeles e passa a ser chamada de "Geração de Prata".

1985 — Participa de mais uma Copa do Mundo no Japão – 4º lugar (lá recebe o prêmio de jogador mais espetacular do mundo e melhor atacante do mundo).

1987 — Sobe ao pódio (3º lugar), ao lado de Montanaro, no primeiro Mundial de Vôlei de Praia, no Rio.

1988 —

Sobe novamente ao pódio (3º lugar), também ao lado de Montanaro, no segundo Mundial de Vôlei de Praia, no Rio.

Participa pela terceira vez dos Jogos Olímpicos (Seul), terminando a competição em 4º lugar.

Casa-se com Annalisa Blando.

É contratado para jogar no time italiano Maxicono Parma, onde fica até 1992.

Nesse período, vence o Campeonato Italiano, a Copa da Itália, o Campeonato Europeu e o mundial de clubes. Ídolo no país, é apelidado pela imprensa local de "Fenômeno".

1989 — Disputa novamente o Mundial de Vôlei de Praia (4º lugar), dessa vez fazendo dupla com Bernard Rajzman.

1993 — Breve passagem pelo time italiano Messaggero Ravenna, consagrando-se campeão da Champions League europeia.
Inicia a carreira como treinador, assumindo o Palmeiras/Parmalat – vice-campeão da Superliga masculina e do Campeonato Paulista.

1995 — Torna-se técnico do Frigorífico Chapecó.

1997 — É contratado como técnico do Olympikus, time que se consagra campeão carioca e vice-campeão da Superliga 1997/1998.

1999 — Inicia os trabalhos como gestor da Unisul, em Santa Catarina.

2000 — A Unisul é vice-campeã da Superliga.

2003 — A Unisul é campeã da Superliga.

2005 — Reinicia as atividades como treinador, agora na equipe Cimed, que vence a Superliga B.

2006	Ainda como técnico da Cimed, torna-se campeão da Superliga.
2007	Torna-se técnico do Sisley Treviso, na Itália, e o time vence a Supercopa Italiana.
2008	Assumindo um novo desafio, é contratado como diretor de marketing da Cimed.
2010	Tem sua primeira experiência no futebol: é diretor de marketing do Figueirense – o time é vice-campeão da série B do Campeonato Brasileiro e consegue acesso para a elite do futebol nacional.
2011	Consegue um resultado histórico para o Figueirense: 7º lugar na série A do Brasileirão. Funda a Par Mais Investimentos.
2014	Assume a direção de marketing da Confederação Brasileira de Voleibol (CBV).
2015	Passa a fazer parte do seleto Hall da Fama do Voleibol.
2016	Atua como diretor de seleções da CBV durante os Jogos Olímpicos do Rio.
2017	Assume como técnico da seleção brasileira masculina de voleibol.

Agradecimentos

Agradeço imensamente a colaboração de todas as pessoas e entidades que, de alguma forma, fizeram parte de minha história de vida. Agradeço em especial a meus pais e irmãs, ao meu primeiro treinador, o Batista, a meu amigo Plinio David de Nes Filho, o Maninho, que no momento mais difícil de minha vida foi um parceiro incondicional, e ao nosso anjo da guarda, Dr. Vicente Odone Filho.

Agradeço a cada um dos que fizeram parte da Geração de Prata do voleibol brasileiro – atletas, treinadores e gestores.

Agradeço aos amigos que fiz na Itália, no período em que moramos naquele país maravilhoso.

Agradeço aos amigos que me apoiaram e contribuíram para a execução deste livro.

Agradeço ao jornalista Tom Cardoso, sempre tão parceiro, que me ajudou a construir este livro e a contar minhas histórias da melhor forma.

Agradeço às instituições que investiram na minha formação: Colégio Estadual Inácio Montanha e a Sogipa de Porto Alegre.

Agradeço aos clubes e empresas que acreditaram e acreditam no meu trabalho, aos clubes em que joguei e aos locais onde trabalhei como treinador e gestor.

Por fim, toda a minha gratidão à minha amada Annalisa, que me apoia há mais de trinta anos, e aos meus dois filhos e amigos Enzo e Gianluca.